Desmistificando a MOTIVAÇÃO

no trabalho e na vida

MOTIVAÇÃO Desmistificando a Desmistificando a

MOTIVAÇÃO Desmistificando a Desmistificando a

MOTIVAÇÃO Desmistificando a Desmistificando a

Desmistificando a Desmistificando a

Desmistificando a Desmistificando a

MOTIVAÇÃO MOTIVAÇÃO

MOTIVAÇÃO MOTIVAÇÃO

Desmistificando

Desmistificando

MOTIVAÇÃO MOTIVAÇÃO MOTIVAÇÃO MOTIVAÇÃO M

MOTIVAÇÃO MOTIVAÇÃO MOTIVAÇÃO

MOTIVAÇÃO MOTIVAÇÃO MOTIVAÇÃO

MOTIVAÇÃO

MOTIVAÇÃO

Desmistificando Desmistificando Desmistificando Desmistificando

Desmistificando Desmistificando Desmistificando Desmistificando

MOTIVAÇÃO MOTIVAÇÃO

Desmistificando a Desmistificando a Desmistificando a

Desmistificando a Desmistificando a Desmistificando a

Luiz Marins

Desmistificando a MOTIVAÇÃO

no trabalho e na vida

editora HARBRA

Direção Geral:	Julio E. Emöd
Supervisão Editorial:	Maria Pia Castiglia
Revisão de Texto:	Tânia Fernandes
Revisão de Provas:	Daniela Sayuri Yamada
Programação Visual, Editoração Eletrônica e Capa:	Grasiele L. Favatto Cortez
Imagens:	Photos.com
Fotografia da Capa:	José Ferreira da Silva Neto
Impressão e Acabamento:	HR Gráfica e Editora

Dados internacionais de Catalogação na Publicação (CIP)
(Câmara Brasileira do Livro, SP, Brasil)

Marins, Luiz
Desmistificando a motivação no trabalho e na vida / Luiz Marins. -- São Paulo : HARBRA, 2007.

ISBN 978-85-294-0328-2

1. Auto-ajuda - Técnicas 2. Motivação (Psicologia) 3. Negócios 4. Pessoal - Motivação 5. Vendas e vendedores I. Título.

07-3601 CDD-158.7

Índices para catálogo sistemático:
1. Motivação : Psicologia organizacional : Psicologia aplicada 158.7

Desmistificando a Motivação no Trabalho e na Vida

Rua Joaquim Távora, 779
04015-001 – São Paulo – SP
Promoção: (0.xx.11) 5084-2482 e 5571-1122. Fax: (0.xx.11) 5575-6876
Vendas: (0.xx.11) 5549-2244, 5571-0276 e 5084-2403. Fax: (0.xx.11) 5571-9777

ISBN: 978-85-294-0328-2

Impresso no Brasil

Printed in Brazil

Sumário

Introdução

Este livro tem a finalidade de motivar pessoas a pensar. Pensar no trabalho e na vida. Pensar nos desafios de viver em um mundo extremamente competitivo e em como encontrar o necessário equilíbrio entre os desejos da vida e as necessidades do trabalho.

Este livro tem a finalidade de motivar pessoas a pensar, porque até para pensar é preciso motivação. Sem motivação é impossível vencer. Uma pessoa sem motivos, sem domínio pleno da razão para fazer as opções certas, não poderá ter sucesso, nem pessoal, nem profissional. Uma verdadeira motivação cognitiva, fruto da razão e distante das passageiras emoções e falsas fórmulas de sucesso, é hoje mais que necessária para que possamos enfrentar os desafios da acelerada mudança científica, tecnológica e social que experimentamos.

Quero que o leitor, ao percorrer estas páginas, lembre-se de que o autor é um professor de antropologia, com enorme orgulho de sua atividade docente. Durante muitos anos minhas aulas foram dadas a alunos matriculados em escolas e universidades. Hoje, meus alunos são os matriculados na "escola da vida" como se diz, nas empresas e organizações, mas sempre alunos.

Ao ler este livro, gostaria que o leitor lembrasse que o verdadeiro professor não é um "guru". Ele não inventa teorias. Ele estuda e ensina. Ele aprende e transmite. Ele sente um enorme prazer em fazer com que seus alunos se desenvolvam, cresçam, sejam felizes e tenham muito sucesso. O verdadeiro professor é um incansável ingênuo. Um irremediável sonhador. A sua busca incessante pelo conhecimento e seu desejo de questionar, cismar, aprender e ensinar o fazem sentir prazer onde outros só vêem tédio – uma boa livraria, um sebo, uma biblioteca ou um site de busca científico. A informação é seu saboroso alimento e ele vai buscá-la em qualquer lugar do mundo. Esse é o verdadeiro professor.

O meu cotidiano, como o de qualquer professor, é feito de ler e escrever. Nossa casa é um lar de professores, recheada de livros. Em qualquer espaço que caiba um livro, lá estará um deles desafiando a estética e a ordem visual. Minha mulher, Ana Cristina, e eu sempre lecionamos – ela, História da Arte e Música e eu, História, Antropologia, Ecologia Humana. Fomos colegas de sala na Faculdade de Filosofia, e somos, ambos, licenciados em História, na mesma turma. A vida de um professor, portanto, é muito simples. Mudam os alunos, mas não muda a sua grande motivação: ensinar a aprender e fazer pensar.

Luiz Marins

abril de 2007

A todos os que se deixam contaminar pelo vírus da excelência
e que, desmistificando a motivação, têm a coragem de fazer
o que tiver que ser feito para educar o homem,
melhorar o mundo e conquistar a paz.

Parte I

Desmistificando a Motivação

Os desafios da MOTIVAÇÃO

Afinal, o que é motivação?

Em quase todas as reuniões de empresa em que participo, os dirigentes falam que seus funcionários precisam de motivação. Muitos pedem que eu elabore "programas de motivação" para seus funcionários. Mas, afinal, o que é motivação? Como conseguir empregados motivados? Serão salários altos, programas de incentivo? O que fazer?

A primeira coisa que precisamos deixar bem claro é que ninguém motiva ninguém. É a própria pessoa que se motiva. Motivar é ter "motivos". Ter motivos para trabalhar, para se dedicar, para se comprometer, para querer vencer e aprender. O que a empresa deve e pode fazer é criar condições necessárias à motivação. Isto quer dizer criar um clima em que as pessoas se sintam motivadas a empreender e fazer o necessário.

Nas pesquisas que temos feito ao longo de anos, detectamos que o salário e um bom pacote de benefícios é importante – sem este fator básico é muito difícil ter empregados motivados. Mas só isso não é suficiente.

Conheço muitas empresas em que as pessoas ganham bem e não são totalmente comprometidas com o sucesso da empresa, de seus clientes, de seus mercados e de suas marcas.

Percebemos que hoje em dia os principais fatores de motivação são autonomia e iniciativa. A empresa deve ser capaz de oferecer a seus funcionários a autonomia necessária para que possam exercer sua criatividade e tomar decisões. Sem autonomia, as pessoas sentem-se em uma rotina massacrante, que embota a criatividade e propicia um não comprometimento. Dê o nome que quiser: *empowerment* ou delegação. Mas promova a autonomia em sua empresa. Deixe as pessoas tentarem, experimentarem e fazerem.

Outro fator importante é a iniciativa. Ela é uma decorrência direta da autonomia. É preciso valorizar funcionários que tenham iniciativa. Um grande empresário me disse: *"Prefiro empregados que preciso 'segurar', do que aqueles que necessito 'empurrar´"*. Em uma empresa onde a iniciativa é punida ou desencorajada não pode haver motivação.

O ser humano precisa de desafios. Quer poder fazer, tentar e experimentar. Só assim ele sentirá orgulho de si próprio.

Este "orgulho" é que o fará um ser "motivado". Pense nisso.

Motivação cognitiva

"Assisti a uma palestra sobre motivação. Durante uma semana fiquei motivado. Depois voltei a ser o mesmo de antes. A motivação durou muito pouco", disse-me um jovem. "Participei de um curso de motivação em minha empresa. Todos choraram e se abraçaram. Pareciam outras pessoas... Mas, quinze dias depois, as pessoas apresentavam a mesma postura: brigas constantes, desunião e muita fofoca", reclamou um empresário. A minha resposta a essas pessoas é a seguinte: vocês não ficaram motivados. Ficaram emocionados. Quando a emoção passou, vocês voltaram a ser o que sempre foram, agindo como sempre agiram.

Há, no mínimo, dois tipos de motivação: a emocional e a cognitiva. A emocional, como o próprio nome diz, usa a emoção das pessoas por meio de depoimentos e descrição de casos e situações. Já a motivação cognitiva discute as razões, os motivos de ordem lógica, racional e cartesiana para se ter este ou aquele comportamento. Este tipo de motivação usa a razão, o conhecimento, números, estatísticas e dados concretos da realidade para provar um argumento motivador. Enquanto a motivação emocional é passageira e dura o tempo que a pessoa estiver emocionada, a cognitiva é duradoura porque trabalha com a razão.

Há mais de trinta anos trabalho com motivação cognitiva, porque acredito que o mais importante é a sensação que fica após a emoção inicial.

Uma pessoa motivada é aquela que conhece a realidade e a compreende e, por intermédio da razão, sente-se capaz de agir para reforçar ou modificar essa realidade.

Por isso, trabalho com dados, fatos concretos e argumentos racionais para que as pessoas compreendam a razão de mudar e as formas de efetuar tais mudanças.

Acredito que ninguém pode tornar alguém motivado. O que eu posso fazer é oferecer os motivos para que você decida, queira e aja. A motivação pessoal é uma porta que só se abre por dentro. Você tem que decidir quais são os "seus motivos" na vida, tanto pessoal quanto profissional. Não pode ficar esperando que outras pessoas a motivem: chefes, amigos ou família. Busque, você mesmo, seja pela razão, pela leitura, pelo estudo comparativo, ou mesmo pela análise de suas intuições, os motivos para tomar decisões corretas.

Uma pessoa desmotivada é uma pessoa sem objetivos próprios, que será dirigida pelos motivos alheios. Pode se transformar em um boneco nas mãos dos outros e não terá, em suas mãos, a direção de sua vida. Por isso, para se ter sucesso e vencer as barreiras impostas neste mundo globalizado em que vivemos é preciso conhecer a realidade e reconhecer seus próprios limites para poder ultrapassá-los. Isso é motivação.

Lembre-se: motivação é o que fica,
depois de passada a emoção.
Pense nisso.

Os desafios da motivação e do entusiasmo em tempos difíceis

Sem dúvida alguma estamos vivendo a era de maiores transformações da história da humanidade. Em nem um outro tempo ou outra época experimentamos tantas mudanças. A única certeza estável que temos hoje em dia é a de que tudo vai mudar! Quem nasceu nos séculos XVI, XVII, XVIII e XIX começou o século e terminou o século usando os mesmos atributos da tecnologia. Quem nasceu no século XX iniciou o século de uma forma absolutamente diferente de como o terminou. Como será este novo século? Não sabemos os "sustos" tecnológicos que iremos tomar neste século XXI.

Poucas pessoas têm a consciência de um mundo em extrema e rápida mudança. Daí sentirmos uma certa angústia, uma certa inquietude dentro de nós, produto da rápida obsolescência tecnológica e mesmo de valores. As empresas nunca tiveram que mudar tanto e tão rapidamente. Porque o mercado e o comportamento do consumidor mudam todos os dias. O ciclo de vida dos produtos é cada vez mais curto. E, em função desse processo de aceleração da história, as empresas não podem mais garantir o emprego a seus funcionários.

Hoje, é o mercado quem garante o emprego. A empresa de hoje vive em constante transformação. Seja com o nome que for, nenhuma empresa de hoje está livre de projetos de *"downsizing"*, qualidade total, *"empowerment"*, entre outros. O mercado e as regras do jogo mudam tão rapidamente que não há mais como uma empresa garantir o emprego vitalício. Até no Japão essa realidade faz parte do passado.

Não podendo mais garantir o emprego, as empresas devem comprometer-se em garantir a "empregabilidade" de seus funcionários. Isto significa aumentar seus investimentos e recursos em treinamento e desenvolvimento de pessoal. Isto significa colocar o funcionário numa posição de empregabilidade para o tempo em que a empresa não puder mais sustentá-lo em seus quadros.

Isto significa aumentar os investimentos e recursos em programas de bem-estar e prevenção de saúde dos funcionários e executivos. Significa adotar uma atitude honesta e franca com o seu corpo funcional, tornando-o a cada dia mais apto a trabalhar dentro ou fora da empresa. Em uma pesquisa que fizemos com executivos de São Paulo, verificamos que essa consciência já chegou ao empregado, que também prefere maior empregabilidade.

Programas de incentivo devem ser dirigidos à empregabilidade. Viagens, videocassetes e TVs como prêmios de incentivo vêm sendo substituídos nas melhores empresas do mundo por programas de treinamento e desenvolvimento. Muito mais do que incentivos materiais, os funcionários estão compreendendo a importância do conhecimento como base de seu sucesso. Percebeu-se que conhecimento aumenta a empregabilidade e a motivação do funcionário em relação à empresa. Acredite nisso e perceberá a nova postura de seus funcionários: mais fiéis, leais, comprometidos e motivados.

Investindo na empregabilidade dos funcionários, as empresas também garantem o seu melhor desempenho enquanto puder mantê-los em seus quadros e isso aumenta a produtividade da própria empresa e, paradoxalmente, não será necessário dispensar seus funcionários por ficar atrasada na competição do mercado. Assim, sob todos os pontos de vista, investir na empregabilidade é hoje fator essencial para o sucesso de uma empresa.

Ninguém "motiva" ninguém. É a própria pessoa que encontra os motivos para fazer mais e melhor aquilo que dela se espera em benefício da empresa, do mercado e dos clientes. Por isso, a empresa que trabalha com a empregabilidade, permite que o funcionário se sinta em constante desenvolvimento.

O funcionário precisa perceber que não está parado no tempo e que, caso ocorra a sua demissão, ele estará apto a buscar outra colocação em um mercado competitivo. Daí que treinar, aperfeiçoar e especializar são fatores motivacionais importantes, altamente valorizados por funcionários de qualquer organização.

E a grande verdade é que um empregado, hoje,
não pode e não deve esperar que a sua empresa invista
em seu desenvolvimento. É preciso que o próprio
funcionário dedique tempo, energia e recursos dentre os
poucos que possa ter para aperfeiçoar-se,
para desenvolver-se e, enfim, garantir o seu emprego.
Vejo, com tristeza, empregados que ficam aguardando
que a empresa invista neles. E a verdade, novamente,
é que ninguém vai investir em mim,
se eu não investir em mim em primeiro lugar.

Ninguém gastará vela com o "mau defunto"
como diz o ditado popular. Pense nisso.

A motivação e a definição de objetivos e metas

Os dias atuais, de extrema mudança e competitividade, exigem que nossos objetivos pessoais e profissionais estejam bastante claros e em total envolvimento e comprometimento com as coisas e com as causas da empresa em que trabalhamos.

Para atingir um objetivo é preciso que não nos economizemos em nossa capacidade de participar dos programas e projetos de qualidade, produtividade, agressão ao mercado, vendas e outras atividades que levem nossa empresa ao sucesso.

Há pessoas que não se envolvem e não se comprometem. Elas têm a idéia falsa e errônea de que não se envolvendo e não se comprometendo ficam isentas de problemas. Nada mais falso! Pessoas que preferem "morrer sentadas" com medo de participar ficam à margem do caminho, nunca são promovidas e são vistas como não-comprometidas.

As pessoas de sucesso são aquelas que não têm medo de se comprometer e compreendem que o sucesso exige de nós a coragem para correr riscos, assumir compromissos e lutar por nossos objetivos. A diferença fundamental entre ganhadores e perdedores está na medida do comprometimento, do envolvimento, da participação e da capacidade de fazer e de empreender.

Você conhece funcionários que ficam procurando maneiras de fazer as coisas pelo caminho menos comprometido e mais fácil?

Você conhece funcionários que ficam o tempo todo olhando no relógio para ver quando terminará o expediente para irem embora o mais rápido possível?

Você conhece pessoas que não participam de nada (na empresa ou na comunidade) para não se envolverem em coisas que "dão trabalho"?

Eu conheço muita gente assim e tenho pena delas.

O tempo atual destina-se às pessoas que têm objetivos claros e são comprometidas com aquilo que fazem. Vejo, com pesar, pessoas que se economizam o tempo todo. Parece que não querem se gastar. Não querem se doar àquilo que fazem. Elas não experimentarão o prazer de serem avaliadas positivamente e jamais alcançarão seus objetivos e metas. Ou melhor, não terão sucesso.

Quanto mais uma pessoa se economiza, mais os outros a economizarão: não contando nada a elas, não as envolvendo nas decisões e não perdendo tempo com elas. E, assim, elas vão ficando cada vez mais "por fora" e alheias a tudo o que acontece. E, é lógico, serão igualmente esquecidas nas promoções e nas oportunidades de crescimento pessoal e profissional.

Com objetivos claros e definidos,
pessoas comprometidas experimentam o sucesso
tão invejado pelos que não se envolvem,
não se comprometem e ficam à
margem do caminho.
Pense nisso.

Motivação
e reconhecimento

Passamos a maior parte de nossa vida no trabalho. Trabalhamos, no mínimo, as oito melhores horas de cada dia *vezes* os trinta ou quarenta melhores anos de nossas vidas. Daí a importância de transformar o trabalho em momentos de realização, crescimento e desenvolvimento pessoal e profissional.

Motivação significa encontrar os motivos, isto é, as razões para que eu faça mais e melhor aquilo que é esperado de mim – tanto por mim, como pelos outros. Viver motivado significa viver sabendo e desejando os motivos que me façam vencer os desafios do mundo. Uma pessoa motivada é uma pessoa que tem a capacidade de se doar mais, de se comprometer mais, de fazer melhor tudo o que faz, sem sentir-se "escrava" ou apenas "cumprindo tabela".

Um dos fatores importantes da motivação das pessoas é o reconhecimento. As pessoas reagem favoravelmente ao reconhecimento de seus pares, superiores e mesmo subordinados.
Na empresa, o reconhecimento assume, atualmente, as mais variadas formas.
O elogio (reforço positivo) por acertos continuados, a atribuição de maior autonomia e incentivo a iniciativas individuais têm sido usados como formas de incentivo que ultrapassam o salário. Eles são vistos como incentivos e reconhecimentos básicos da empresa pelo trabalho de seus colaboradores.

O reconhecimento significa, em suma, ações concretas demonstrando o fato de a empresa reconhecer o esforço, o talento, a dedicação e o comprometimento de seus colaboradores. Por isso, o reconhecimento é altamente motivador. O mesmo reforça comportamentos e alavanca resultados inesperados em uma equipe. Equipes motivadas pelo constante reconhecimento são capazes de realizar feitos incríveis.

Em uma empresa, programas de reconhecimento e incentivo são importantes porque fornecem objetivos e metas a atingir. Os programas propiciam, de antemão, o reconhecimento que as pessoas vão obter ao atingir as metas propostas. Daí a necessidade de participar ativamente dos programas que a empresa desenvolve para o reconhecimento e a motivação de seus colaboradores. Via de mão dupla, os programas fazem com que a empresa tenha mais sucesso e, conseqüentemente, reconheça o esforço e a competência de seus colaboradores.

A cada dia que passa, empresas do mundo inteiro estão percebendo o valor do reconhecimento e fazendo uso cada vez mais constante e planejado de formas eficazes de motivação. Grandes executivos sabem que para se conseguir o comprometimento das pessoas é preciso oferecer reconhecimento e valorizar comportamentos positivos. Em um mundo que passa por extremas mudanças, quanto mais uma empresa deixar claro quais os seus valores e o que espera de seu pessoal, mais sucesso terá. Afinal, uma equipe motivada e comprometida garante o sucesso da empresa e de seus clientes.

Acredito que reconhecimento e motivação são componentes que propiciam pessoas mais felizes e dispostas a crescer – pessoal e profissionalmente. E isso é o que importa e faz a diferença. Pense nisso.

Parte II

Temas de motivação

pessoal

Saiba perder

Assim como um campeonato esportivo, a vida também é feita de vitórias e derrotas. Não conheço time algum que só tenha vencido. Pelo contrário, conheço excelentes times, campeões, que sofreram fragorosas derrotas até para times pequenos, sem expressão alguma. Há sempre inúmeras explicações e justificativas para as derrotas de um time campeão, mas nenhuma explicação ou justificativa muda o resultado do jogo. Perder faz parte do jogo.

Da mesma forma não conheço esportista individual que não tenha sofrido uma derrota. Tenistas, boxeadores e nadadores campeões já experimentaram o amargo sabor de uma derrota. Ao perder uma partida, um time, ou um esportista individual, analisa as causas, os motivos e os erros que levaram àquele resultado. Em seguida, a tarefa é aumentar o treinamento, reforçar os pontos fortes e trabalhar para o término dos pontos fracos. São estratégias para aprender com a derrota.

E o bom técnico (de um esportista ou de um time) aproveita a derrota para mostrar que não se pode diminuir, desprestigiar, "esnobar" ou menosprezar um adversário, por menor ou mais fraco que ele seja. Um bom técnico aproveita o resultado negativo para mostrar que não se pode ter "salto alto" e que a humildade é um atributo de valor.

E, ao mesmo tempo, um bom técnico afirma que perder faz parte do jogo e reafirma que a missão é vencer, motivando o esportista, o time e cada um dos seus jogadores para que esqueçam a derrota, um acidente de percurso que todos experimentam um dia na vida. Mesmo os campeões.

Devemos ter esta mesma atitude frente às derrotas na vida. Nem sempre ganhamos. Muitas vezes nossas derrotas, pequenas ou grandes, são inexplicáveis para nós mesmos e para o mercado. Tentamos explicar, justificar e entender, mas nada nos fará reverter o resultado do jogo perdido e da derrota passada.

Nessa hora, o importante é não "jogar a toalha". É tirar as lições da derrota, treinar com mais afinco e voltar a vencer – com garra e humildade, vontade e determinação. Ficar "curtindo" a derrota pode nos levar à depressão e nos tornar eternos derrotados. E aí mora o perigo!

Conheço empresas e empresários que têm enorme dificuldade em absorver as derrotas. Entram em profunda crise quando perdem um contrato ou uma venda. Começam uma busca insana por "culpados" e instalam uma "caça às bruxas" que leva toda a empresa a um profundo clima de desmotivação. Muitos fazem uma dispensa geral de funcionários ou um escândalo que impede a criatividade futura, castrando o ato de inovar, tentar e questionar dos companheiros de trabalho. Conheço empresas que desmontam times vencedores na primeira derrota, administrando pelo medo e pela punição.

Ao invés de aproveitar a perda de um contrato, de uma concorrência ou de uma venda para fazer a empresa crescer e o time aprender, muitos empresários fazem exatamente o oposto. A derrota acaba sendo um "desaprender", levando a empresa a um processo depressivo que pouco agrega ao futuro.

Uma derrota bem analisada é um excepcional material de aprendizagem. Pode ser um case *rico para mudanças necessárias em processos, procedimentos, atitudes e comportamentos. Na verdade, aprendemos muito mais com as derrotas do que com as vitórias, quase sempre comemoradas sem análise e que podem levar a empresa a pensar que não é necessário empreender mudanças. As vitórias sucessivas poderão nos cegar, nos tornar arrogantes e com essas atitudes poderemos estar justamente pavimentando o caminho para futuras derrotas.*

Na análise que fazemos com empresas de sucesso, verificamos que foram as derrotas e crises (pequenas ou grandes) que criaram as condições e o clima para repensar, reavaliar e refazer todo um processo empresarial em busca de um novo caminho. Muitas empresas declaram, sem medo ou vergonha, que foi graças às derrotas e as crises que tiveram a coragem de mudar e a disposição e a garra para vencer.

A verdade, portanto, é que saber perder é tão essencial quanto saber ganhar. Pense nisso.

Tem gente mais chata?

Eu, de longe, só reparava. Era um grupo de umas seis pessoas. Só uma falava. Ela falava e não deixava ninguém falar. Ela falava alto. Ela dizia que sabia, entendia. As pessoas mudavam de assunto e ela novamente falava. Só ela. As pessoas se entreolhavam. Algumas se levantavam e iam ao toalete. Voltavam e ela continuava falando, dizendo o que era certo e o que era errado. Dando lições a todos sobre todos os temas. Ela se achava o máximo!

É ou não verdade que tem muita gente assim? É ou não verdade que tem gente que não se enxerga e fica pontificando para os outros o que é certo? E o que é certo, é claro, é o que ela pensa, o que ela acha, o que ela acredita. O número das pessoas chatas no mundo parece estar aumentando! São pessoas que querem catequizar você para o regime alimentar que elas fazem, para a roupa que elas vestem, para o time que elas torcem e para a religião que elas professam.

Tudo destas pessoas é melhor: o carro, a loja em que compram, a igreja que freqüentam, a comida que comem (ou fazem). Seus filhos são mais inteligentes e mais bonitos... Tem gente mais chata? Pessoas que querem que você caminhe 10 km por dia, não coma carne, não beba nada de álcool ou faça um regime de só beber preparados à base de soja. Até chego a acreditar que essas pessoas queiram nos salvar. Mas elas não se contentam em expor suas idéias e argumentos. Elas querem a sua concordância a qualquer preço.

Veja se você, cheio(a) de boas intenções,
também não está virando um(a) grande chato(a).
Perceba se as pessoas não andam evitando você.
Nada contra as suas convicções, mas lembre-se que é
preciso respeitar as convicções das outras pessoas.

Tome cuidado para não aumentar
o número de pessoas chatas.
Já temos chatos demais no mundo. Pense nisso.

Abaixo o mau Humor!

É preciso deixar claro, logo de início, que o mau humor é prejudicial à vida pessoal e profissional. O mau humor é, antes de tudo, uma falta de educação, de polidez. É preciso entender que eu, e somente eu, sou culpado pelos meus problemas. Não devo e não posso punir outras pessoas que convivem comigo com o meu mau humor. Portanto, o mau humor é, em primeiro lugar, falta de educação.

Uma pessoa mal-humorada é, quase sempre, uma pessoa cheia de si, egocêntrica. Eu sei que não é fácil manter o bom humor. Não é fácil ser bem-humorado quando se dormiu mal; quando se tem uma conta para pagar e não se tem o dinheiro; quando acontece de um funcionário fazer uma coisa que você não queria; ou quando se perde um cliente ou um fornecedor. Mas há que se lutar e fazer todo o esforço possível para manter o bom humor, porque o mau humor destrói relacionamentos comerciais e de amizade e, principalmente, destrói você.

Numa análise simplista, mas verdadeira, o que mais estraga um casamento é o mau humor do marido (ou da mulher) que azeda o lar. Várias esposas reclamam: *"Meu marido é um passarinho, um colibri, uma pessoa maravilhosa fora de casa. Todos o elogiam e o acham divertido e agradável. Basta que ele pise dentro de casa e se transforma em um poço de mau humor."* Os maridos, por sua vez, dizem: *"Minha mulher, com as amigas, é uma maravilha; pisa em casa, está sozinha comigo e se transforma na pessoa mais mal-humorada do mundo".*

Em alguns casos, o mau humor pode ser uma doença, que deve ser tratada clinicamente. Muitas vezes, no entanto, é apenas um vício. A pessoa fica mal-humorada para chamar a atenção dos outros: para que sintam pena dela ou para que as pessoas se preocupem com ela. Torna-se uma pessoa ciclotímica, que cada hora age de um jeito diferente: um dia cumprimenta as pessoas e no outro finge que não as conhece.

Ser bem-humorado não é ser palhaço, não é ficar o tempo inteiro fazendo piadinhas. Ser bem-humorado é ter a capacidade de rir de si próprio, dos erros que comete, é ser uma pessoa leve, agradável, uma pessoa que respeita os outros, uma pessoa educada, polida.

Uma pessoa mal-humorada é uma pessoa grossa e, com esse tipo de pessoas, uma empresa se transforma em mal-humorada, uma empresa na qual as pessoas não têm prazer em estar, em trabalhar. A produtividade e a qualidade caem. É aquele chefe que só fala xingando ou, ainda, aquele que acha que ser chefe é apenas encontrar erros e nunca elogiar. É aquela funcionária que tem o "rei na barriga" e, só porque é a secretária do chefe, pensa que pode ofender os outros: não é polida, nem cortês no trato com clientes e colegas de trabalho. Tem ainda a balconista, a gerente e a supervisora mal-humoradas... A postura destas pessoas azeda o ambiente e a empresa.

Isso não pode ocorrer na empresa de hoje! Com a competição acirrada que estamos vivendo, o cliente quer uma empresa alegre. O funcionário também precisa de um ambiente agradável para trabalhar, produzir e pensar em qualidade.

Ser bem-humorada não significa ser piadista, o que pode, inclusive, tornar uma pessoa inconveniente. A pessoa bem-humorada tem confiança em si própria porque sabe que o "ego" dela não está em jogo. São pessoas que não têm medo de vencer. Elas têm sucesso e riem dos próprios erros. São pessoas que "sacodem a poeira e dão a volta por cima", como diz o samba.

Todas as pessoas do mundo têm problemas
e sempre os terão. Mas, muita gente publica os
problemas para os outros com o seu mau humor.
Se você for esperar os problemas acabarem
para daí acabar com o seu mau humor,
você não acabará com ele nunca,
porque uma das causas dos seus problemas,
provavelmente, será esse seu mau humor.

O seu mau humor vai mudar o problema? O seu mau humor vai melhorar o problema? O seu mau humor vai solucionar o problema? Não! Então, por que o mau humor? Para ofender as outras pessoas? Para aparecer para as outras pessoas? Para mostrar para os outros que você é um sofredor? Para dar uma de mártir? Isso é muito sério! Muitas pessoas nasceram e cresceram em ambientes mal-humorados e tornaram-se adultas azedas, mal-humoradas com o marido, com a esposa, com os filhos, com os netos, com os colegas de trabalho e com o mundo. Para elas, o mau humor já se tornou um vício.

E há pessoas que, além de mal-humoradas, punem o bom humor alheio, não suportam pessoas bem-humoradas: *"Eu não suporto aquela pessoa que parece viver de bem com a vida! É uma coisa horrorosa! Parece que não tem problema e vem com esse bom humor para o meu lado"*. A impressão que se tem é que o bom humor ofende essas pessoas.

No trabalho, seja bem-humorado.
Lembre-se que ninguém é culpado pelos seus problemas;
ninguém pode ser culpado pelo que você é;
ninguém pode ser culpado se você é gordo demais,
magro demais, baixo demais, alto demais, feio ou bonito.
Se você é chefe, supervisor, gerente, diretor ou patrão,
seja bem-humorado, ria de você mesmo,
respeite as pessoas, fale com educação e com bom humor.
Ter bom humor é saber respeitar o outro,
é ser cortês, polido, educado,
ser uma pessoa leve, agradável,
que sorri quando deve sorrir.

Se você é pai ou mãe, seja bem-humorado com os seus filhos. Faça da sua casa um lugar agradável, no qual os filhos queiram ir, no qual os netos queiram ir, no qual a família se reúna feliz, com humor. Aos domingos, durante os almoços de família, propicie encontros agradáveis.

Se você é esposa ou marido procure ser bem-humorado... Faça um pacto com você: ao chegar em casa, sorria, abrace sua(eu) esposa(o) e seus filhos. Fazendo isso, sua casa se transforma em "lar", em um ambiente familiar. Se você e sua mulher chegarem em casa todo dia bem-humorados, certamente as brigas diminuirão, os assuntos ficarão mais leves e as crianças começarão a gostar mais de sua casa.

Se você tem uma loja, deixe-a mais clara e visualmente mais atraente. Faça brincadeiras com o seu pessoal. Seja qual for o seu negócio, faça com que o ambiente fique leve, com muito bom humor. Lembre-se que a forma condiciona o conteúdo. Não espere que a sua empresa seja uma maravilha, para daí ser bem-humorado. Será o seu bom humor e de todos na empresa que poderá transformar a empresa.

O mau humor e a falta de polidez destroem relacionamentos entre casais, amigos, chefes e subordinados, patrões e empregados. O século XXI é o século da alegria. Ninguém suporta mais o mau humor. Se você continuar insistindo em ser mal-humorado ou mal-humorada, vai pagar um preço muito alto. Mude já. Mude enquanto é tempo. Acabe com essa pessoa azeda e cínica que está dentro de você e que você nem reconhece.

Faça renascer em você a pessoa alegre,
feliz e bem-humorada. Pense nisso.

"Alguma desgraça vai acontecer"

Você já reparou que quando as coisas estão em ordem ficamos imaginando que aquilo não vai durar e que logo alguma coisa vai dar errado? Você já reparou que quando estamos felizes com alguma coisa, logo buscamos algum pensamento que nos diga que não podemos comemorar muito, que dá azar e a felicidade irá embora? Percebeu que, quando estamos felizes com nosso emprego, com nosso(a) namorado(a) ou esposo(a), logo ficamos "minhocando" alguma coisa na cabeça e começamos a pensar numa possível desgraça que nos fará perder o emprego ou a pessoa amada? Muitas vezes a bola está na área e, sem sabermos a razão, atrasamos a bola da vida para o meio do campo em vez de chutarmos para o gol...

Por que isso acontece? Por que não nos achamos merecedores de um pouco de felicidade? Por que achamos que sempre alguma coisa de pior vai nos acontecer? E se a situação está ruim achamos que vai piorar?

Psicólogos procuram entender esses comportamentos e quase sempre os textos acadêmicos mostram que eles são fruto da baixa auto-estima, que nos faz acreditar que não somos merecedores de nada que seja bom. A baixa auto-estima nos faz ter um grande sentimento de culpa quando nos sentimos felizes. "Como podemos nos sentir felizes em um mundo com tanta violência e desigualdade?", questiona a consciência punitiva ao menor sentimento de alegria e felicidade.

"Cuidado! Não se entregue, não se envolva, não se comprometa demais com ninguém, com seu emprego ou com uma causa, pois, com certeza, você sofrerá uma grande decepção", avisa o subconsciente ao menor sinal de que estamos empolgados e felizes com alguém, com nosso emprego ou com alguma causa.

A baixa auto-estima das pessoas tem causas variadas, que podem estar numa educação repressora e punitiva ou mesmo em outras experiências negativas que a vida lhes proporcionou. Precisamos tomar consciência dos males que uma baixa auto-estima não trabalhada e enfrentada pode nos causar e tirar de nossa mente qualquer idéia de que não somos merecedores da alegria, da felicidade, do bem-estar, de um bom emprego e de uma vida familiar feliz.

Será que a sua baixa auto-estima não está fazendo você deixar de aproveitar as inúmeras chances de felicidade que a vida apresenta nas pequenas coisas simples de cada dia? Pense nisso.

A importante diferença entre necessidade e desejo

Uma das maiores fontes de sofrimento é a confusão que muitas pessoas fazem entre "necessidades não atendidas" e "desejos não realizados". As "necessidades" estão relacionadas a aspectos básicos da condição humana – alimentar-se, vestir-se, ter um lugar para morar, entre outros. Quando essas necessidades não são atendidas, o ser humano deve lutar com todas as suas forças.

A determinação das "necessidades" evoluiu com o passar dos séculos e com a civilização. Hoje, podemos considerar como "necessidades" ter acesso à luz elétrica, à educação de qualidade, telefone e emprego – necessidades que simplesmente não existiam nas sociedades primitivas ou mesmo rurais dos séculos passados.

"Desejos" são manifestações de nossa vontade. Não são necessidades. Por exemplo, temos o desejo de comprar um carro novo, de ter um televisor maior e de um celular que nos permita fotografar. Temos também o desejo de ser promovido, de ter uma sala maior no trabalho, de conquistar maior fatia do mercado, de viajar para o exterior ou para uma bela praia. Isso tudo são "desejos" e não "necessidades".

Posso controlar meus desejos. Posso mudar meus desejos. Posso postergar meus desejos. Mas não posso postergar a minha fome, o meu frio, a minha doença. Assim, tenho o livre-arbítrio em relação aos meus desejos, mas não o tenho em relação às minhas necessidades.

Ao confundir "desejos não realizados" com "necessidades não atendidas", vive-se uma grande angústia. Pensando que desejos são necessidades, acreditamos não conseguir viver sem nossos desejos realizados. E seremos infelizes, pois nossos desejos mudam, aumentam, e não realizar todos esses desejos é complicado...

Sabendo essa importante diferença você poderá controlar seus desejos e adaptá-los à sua realidade e condição – e será mais feliz. É claro que você deve sempre desejar mais e coisas melhores. Mas nunca deve confundir desejo com necessidade.

Faça um exame de sua vida pessoal e profissional e veja se muitos de seus sofrimentos não advêm da confusão entre necessidade e desejo. Pense nisso.

Dominando a inveja

Há pessoas que, ao invés de olhar para os progressos, sucessos, coisas e fatos positivos de sua própria vida, ficam o tempo todo prestando atenção e "vivendo" a vida e a conquista de outras pessoas, querendo para si o que as outras têm, querendo ser o que as outras são e viver o que as outras pessoas vivem. Essas pessoas fazem da "inveja" o seu padrão de relacionamento humano. Não conseguem viver a própria vida e com isso atraem para si o descaso e o desdém. Dignas de pena, essas pessoas dificilmente conseguem livrar-se de suas próprias amarras que as levam ao fracasso. É preciso dominar a inveja.

O comportamento da pessoa invejosa é bastante conhecido: ela fala mal de você por todos os motivos. Se você faz muitas coisas, quer "aparecer". Se você não comparece em algum evento ou reunião, não quer participar. E assim por diante, porque não há como agradar ou contentar a pessoa que não está feliz com a própria vida e que vive concentrada na vida alheia, no sucesso alheio. Essa pessoa não consegue compreender que sua vida vai piorando à medida que inveja as outras pessoas, porque seu fracasso é dimensionado pelo sucesso do seu invejado.

Repare como vive a pessoa invejosa: ela não consegue a necessária paz para empreender, para ser pró-ativa, para realizar coisas certas em benefício de sua empresa, das pessoas, de seus subordinados e de seus superiores. Sempre "alerta", ela estuda, observa o que os outros falam e fazem. Ela quer saber quanto os outros ganham e até o que estão sentindo. A obsessão de "viver a vida alheia" faz com que a pessoa perca seus poderes para pensar, realizar ou sentir.

Por isso essas pessoas precisam de ajuda. Aconselhe. Diga que como estão vivendo e vendo o mundo nunca serão felizes. Mostre a elas que a dimensão da felicidade e do sucesso está em fazer mais do que os outros esperam que façamos, em sermos "credores", pois no relacionamento humano e social, a inveja impede o sucesso.

Faça com que a pessoa invejosa passe a observar seus próprios pontos positivos, suas virtudes e suas possibilidades de vencer pelos próprios méritos. A pessoa invejosa é uma pessoa doente que não suporta a si própria, não suporta sua imagem e somente consegue se olhar através do espelho do sucesso alheio.

Dominar a inveja é o primeiro passo para ser feliz! Pense nisso.

Ofendidos pelo sucesso alheio

Era uma reunião de presidentes de empresas e pessoas de sucesso profissional. De repente, um tema acalorou o ânimo de todos: o problema que seu sucesso causa aos outros. Cada um contou, no mínimo, dois casos em que tinham sido vítimas de mentiras, produtos da mais pura inveja de concorrentes, de fornecedores, de colegas, de superiores, de subordinados, de jornalistas e até mesmo de amigos e parentes.

As pessoas ficavam estarrecidas e, ao mesmo tempo, aliviadas à medida que os relatos aconteciam. Estarrecidas pelo tamanho das maldades. Aliviadas pela consciência de que, o que acontecia com uma pessoa, não era privilégio dela. A difamação pela inveja está em todo e qualquer lugar onde esteja qualquer vestígio de sucesso, alegria e felicidade. Contratos perdidos, produtos encalhados e empresas fechadas foram conseqüências funestas da inveja, da difamação, da calúnia e suas irmãs mais velhas: a mentira e a meia-verdade.

Os profissionais relataram já terem trabalhado em empresas onde o seu sucesso incomodava, onde não havia lealdade, cooperação nem sinceridade. Eles lembraram do horror que era trabalhar nesses locais e citaram pessoas que ainda estavam vivas em suas memórias. Pessoas por quem sentiam repulsa e desprezo.

Por meio desses relatos os profissionais descobriram duas realidades: a primeira foi que a maioria dessas empresas não existia mais e a segunda foi que as pessoas mais invejosas, desleais e falsas não estavam mais nas empresas que sobraram vivas. Por que será? Todos também se lembraram do que dizia Tom Jobim:

"No Brasil, sucesso é ofensa pessoal."
Por que será?

Em qualquer lugar do mundo, o sucesso é comemorado e não punido, celebrado e não culpado.

No Brasil, quem tem sucesso parece ser obrigado a sentir um profundo sentimento de culpa, como se fosse o responsável pelo fracasso alheio, pelo salário baixo de jornalistas, pelas filas do INSS, pelas desigualdades sociais e por ter conseguido aquele contrato ou realizado aquela obra.

Por que será?
Pense nisso.

Encontre novos motivos para continuar lutando!

Há momentos na vida pessoal e empresarial em que temos vontade de desistir da luta e "jogar a toalha". Os problemas surgem todos os dias: novos concorrentes, margens de lucro cada vez mais estreitas, competidores nem sempre éticos, impostos crescentes...

Alguns empresários falam em vender seus negócios. Pessoas pensam seriamente em mudar de emprego ou até mesmo de profissão. Os profissionais mais éticos sentem-se imbecis. Aqueles muito sérios duvidam da própria opção de honestidade. Este é o momento de maior perigo na vida das pessoas e das empresas: quando a desesperança toma conta e a razão só enxerga o negativo.

Nesta hora é preciso dar uma parada estratégica e voltar a acreditar. É preciso encontrar novos motivos para não desistir da luta, para não ficar descrente dos valores e para não mudar a crença de que a ética e a honestidade ainda valem a pena, apesar de todas as evidências contrárias.

Este é o momento de parar para analisar se você não está estressado e, por isso, não está conseguindo ter novas idéias, desenvolver sua criatividade e envolver as pessoas adequadas para desenvolver novos produtos e serviços ou mesmo novas habilidades que façam aumentar sua auto-estima profissional. É preciso questionar se você não se acomodou por muito tempo...

Procure, agora, de forma decidida e forte, encontrar nova motivação e novas forças para enfrentar mais este desafio de sua vida. Não desista! Pense quantas vezes você tem se sentido desanimado com sua empresa ou sua vida profissional. Mas, não esqueça que as pessoas de sucesso também passaram por grandes dificuldades e recomeçaram muitas vezes!

É preciso lembrar que viver é recomeçar todos os dias e encontrar nas dificuldades a força para lutar e vencer. Pense nisso.

Será possível agradar a todos?

Muitas vezes temos expectativas irrealistas. Uma delas é de querer agradar todas as pessoas que nos rodeiam. Fizemos uma pesquisa com funcionários de uma mesma empresa, todos de nível universitário, usando como base um artigo de um famoso e consagrado escritor (não revelamos o nome do autor). Verificamos que 15% acharam o artigo excelente, 65% consideraram bom, 12% regular e 8% ruim. Após fazermos um debate sobre o texto e revelarmos o nome do famoso escritor, as pessoas modificaram sua opinião: 48% acharam o artigo excelente, 23% bom, 22% regular e 3% ruim. Repetimos essa mesma pesquisa várias vezes, em várias empresas, com públicos diferentes. O resultado foi semelhante.

O que esta pequena pesquisa nos revela?

Em primeiro lugar, é preciso compreender que é impossível agradar a todos. Qualquer coisa que escrevemos, falamos ou fazemos agradará a uns e desagradará a outros.

Para que possam nos compreender melhor é preciso ressaltar a importância da explicação, do aprofundamento e da contextualização. Perceba que quando fizemos uma discussão de aprofundamento do texto, o índice de avaliação positiva aumentou. Isso nos ensina que não basta apenas escrever, falar ou mesmo agir. É preciso explicar às pessoas as razões, os motivos e o contexto para que elas possam realmente compreender.

Assim, qualquer mudança em uma empresa deve ser explicada e contextualizada para os colaboradores internos, para os clientes, fornecedores e, muitas vezes, para a sociedade em geral.

Em segundo lugar, é preciso reconhecer a importância da validação, do crédito, da "assinatura", ou seja, da credibilidade do autor. Na pesquisa, quando revelamos o autor – e era alguém consagrado e reconhecido – a aceitação do texto aumentou. Daí a importância de que os próprios dirigentes façam, pessoalmente, as comunicações importantes de uma empresa, tanto para o público interno quanto para o mercado.

Este texto, por exemplo, será lido por milhares de pessoas no Brasil e no exterior. Ele é vertido para o inglês, espanhol, francês, alemão. Como será a sua compreensão e aceitação? Como serão as traduções? Em que contexto a mensagem será lida? Qual a formação acadêmica dos leitores? Qual a expectativa que os leitores têm em relação ao texto? Quem é esse Luiz Marins? Um brasileiro? Qual sua formação? Trata-se de um acadêmico ou de alguém com experiência empresarial? Veja que todas estas informações podem influenciar uma pessoa ao avaliar um simples texto.

A verdade é que ninguém pode agradar a todos! Pense nisso.

Vale a pena ser Honesto?

Ao assistir relatos de desonestidade, corrupção, descumprimento da lei e observar pessoas desonestas e corruptas em funções de destaque na sociedade, nós corremos o risco de colocar em dúvida a honestidade como valor e nos perguntar: *"Será que vale a pena ser honesto?"*

Essa dúvida nos assalta a mente principalmente depois de um dia estafante de trabalho. Levantamos cedo, trabalhamos o dia todo, a semana toda, o mês todo. Não temos um salário milionário, nem outra forma de ganho que não seja o fruto de nosso duro trabalho. Ao mesmo tempo, vemos que a desonestidade, a corrupção e o descumprimento da lei parecem ser coisas "normais" para outras pessoas e até autoridades. Ao questionarmos o valor da honestidade é preciso refletir, raciocinar e analisar sobre o que é a felicidade e quais são os valores que realmente são importantes para um ser humano.

Na sociedade moderna, o dinheiro, os bens materiais e o *status* acabaram sendo os principais valores. Para conquistá-los o homem moderno não mede conseqüências – o que vale é ter um carrão, uma bolsa de *griffe*, uma mansão. Os valores morais, éticos, parecem ter sido esquecidos definitivamente. A pergunta que temos que fazer é se tudo isso tem feito o ser humano mais feliz. Se a violência entre os homens diminuiu. E a resposta parece ser evidente: o homem não é mais feliz quando faz da vida material o seu objetivo maior.

*Assim, é hora de repensar nossos valores
e voltar a valorizar os valores morais mais elevados
de honestidade, ética, respeito ao outro, polidez,
humildade, lealdade e paciência.
Milhares de anos de filosofia
somados às várias religiões provam que
são esses os valores que tornam
o homem verdadeiramente feliz.*

*Portanto, acredite,
vale a pena ser honesto.
Pense nisso.*

Os direitos de Orestes

Orestes era a pessoa mais consciente de seus direitos que já conheci. Cumpria rigorosamente o horário em seu emprego. Não chegava um minuto antes e não saía um minuto depois. Tirava suas férias assim que vencia o período aquisitivo a que tinha direito. Nem um mês antes, nem um mês depois. Treinamentos e reuniões em finais de semana ou à noite não eram com ele. Ele simplesmente dizia que não iria participar, porque não era pago para trabalhar fora do horário. Todos os seus finais de semana eram parte de seu sagrado direito.

Se seu supervisor ou colega faltasse por motivos de saúde, ele também arranjava um atestado e dava o mesmo número de faltas. O seu maior medo era ser explorado pelo seu patrão, ou mesmo chefe. Isso ele não permitiria. A frase que ele mais usava era "eu tenho direitos!"

Além de ser muito consciente de seus direitos, ele também alertava seus colegas para que não fossem explorados. Conclamava a todos para que não ficassem além do horário, que não chegassem mais cedo, que não fizessem nada além da súmula de atribuições e do contrato de trabalho. *"É nosso direito"*, dizia ele.

O problema de Orestes é que a sua noção de direitos era muito ampla. Ele usava o telefone da empresa para ligações particulares para seus parentes e amigos, pedia ao *office boy* para fazer pagamentos particulares sem autorização, usava o computador da empresa para *e-mails* pessoais, jogos e trabalhos escolares. Durante o expediente ele fazia quatro paradas de meia hora cada uma para tomar café e fumar, sempre no mesmo horário, acontecesse o que fosse – era seu direito. Orestes também levava para sua casa algum material de escritório – canetinhas, lápis e papéis de sua empresa. *"Pouca coisa"*, dizia ele. *"Afinal, tenho direito, pois trabalho aqui oito horas por dia e dou meu sangue para a empresa."*

Essas coisas foram todas contadas por seus ex-colegas de trabalho depois que ele foi demitido do emprego, recebendo todos os direitos trabalhistas. Saiu dizendo-se injustiçado e vítima da exploração de seu patrão. Orestes está desempregado. Dizem que depois desse emprego em que o conheci, ele já teve mais dois, dos quais também acabou sendo dispensado, "sempre por perseguição". A mulher do Orestes é vendedora autônoma de cosméticos e sustenta a casa.

Quem quiser encontrar o Orestes, basta ir ao bar do seu bairro. Ele faz ponto lá, todos os dias, sempre no mesmo horário e na mesma mesa.

Você conhece o Orestes? Pense nisso.

Você não pode comer o bolo e ficar com o bolo!

Uma das coisas que poucas pessoas conseguem compreender é que você não pode comer o "bolo" e ainda ficar com ele. Se você o comer, ele não mais existirá. Ou seja, para você ter uma coisa que deseja é preciso saber que, muitas vezes, terá que abrir mão de outras coisas que igualmente deseja.

Lembrando disso, você pensará mais no seu futuro e será mais previdente para não se surpreender quando o "bolo" acabar. Talvez você se decepcione menos com as pessoas e com a própria vida, porque você estará mais preparado para quando o "bolo" acabar.

O bolo pode representar muitas coisas e situações. Uma delas é a própria vida. A vida foi feita para que sejamos felizes e deve ser gostosa como um bolo. Mas é preciso equilíbrio e lembrar que a vida – assim como aquele saboroso bolo – um dia acaba.

O bolo pode representar, também, nossos próprios clientes. Se abusarmos de nossos bons clientes, sugando deles tudo o que podem nos dar hoje, talvez os percamos amanhã. Teremos comido o bolo com muita voracidade e ficaremos sem ele. O mesmo acontece quando fazemos negociações muito rígidas com nossos fornecedores, por exemplo. Queremos tirar deles o máximo – comer todo o bolo que pudermos. Com essa atitude é bem provável que fiquemos sem o bolo em um futuro próximo, pois quem come o bolo fica sem ele.

No relacionamento entre as pessoas
isso também é uma verdade.
Há pessoas que sugam outras ou parceiros,
deixando-os estressados a tal ponto que não suportam
esse relacionamento por muito tempo.
O sugador fica sem o bolo.
Pense nisso.

"Tudo o que era fácil já foi feito"

"Tenho uma triste notícia para vocês, meus queridos alunos", disse o velho professor com voz grave. *"Tudo o que era fácil no mundo, já foi feito. Para nós restou o que é difícil. E não adianta reclamar!"*

Sábias palavras do velho mestre de Administração e Economia.

Hoje, no mundo dos negócios, tudo é mais difícil. Competição acirrada, clientes mais exigentes, margens mais estreitas e globalização. E, como bem disse o professor, de nada adianta chorar ou ser contra os tempos globalizados. A realidade tem que ser enfrentada com disposição, competência e, sempre que possível, alegria.

Empresários e profissionais que não perceberam essa verdade vivem na ilusão de que voltará o tempo em que competir era mais fácil. Época que sabíamos exatamente onde estavam nossos concorrentes e quem eram eles. Com os tempos globais não sabemos mais sequer com quem estamos competindo.

O ciclo de vida curto dos produtos faz com que nos tornemos obsoletos com a rapidez de um raio. Ou mudamos todos os dias ou morreremos um pouco por dia até que nossa vida empresarial e pessoal se transforme em um imprestável dinossauro.

Essa dura realidade, porém, tem um lado positivo. Somos seres privilegiados, pois vivemos na mais dinâmica era da história da humanidade. O fato positivo é que se aprendermos a mudar e fizermos da mudança uma aliada, sabendo utilizar toda a riqueza que a ciência e a tecnologia modernas nos oferecem em todos os campos, seremos vencedores.

O desafio é grande, mas as armas e os recursos disponíveis são maiores e melhores em todos os campos. O acesso à informação é global. Os meios de comunicação nos permitem acessar mercados antes inatingíveis. Teremos sucesso se soubermos utilizar, com inteligência, o que está ao nosso dispor.

Agora é hora de mudar ou morrer. É hora de enfrentar essas dificuldades com a visão de um líder empreendedor que transforma sonhos em ações e ações em resultados. Perceba de qual lado você está.

Ao lado daqueles que choram a mudança ou ao lado daqueles que fazem da mudança mais um motivo para se renovar e crescer, para lutar e vencer. Pense nisso.

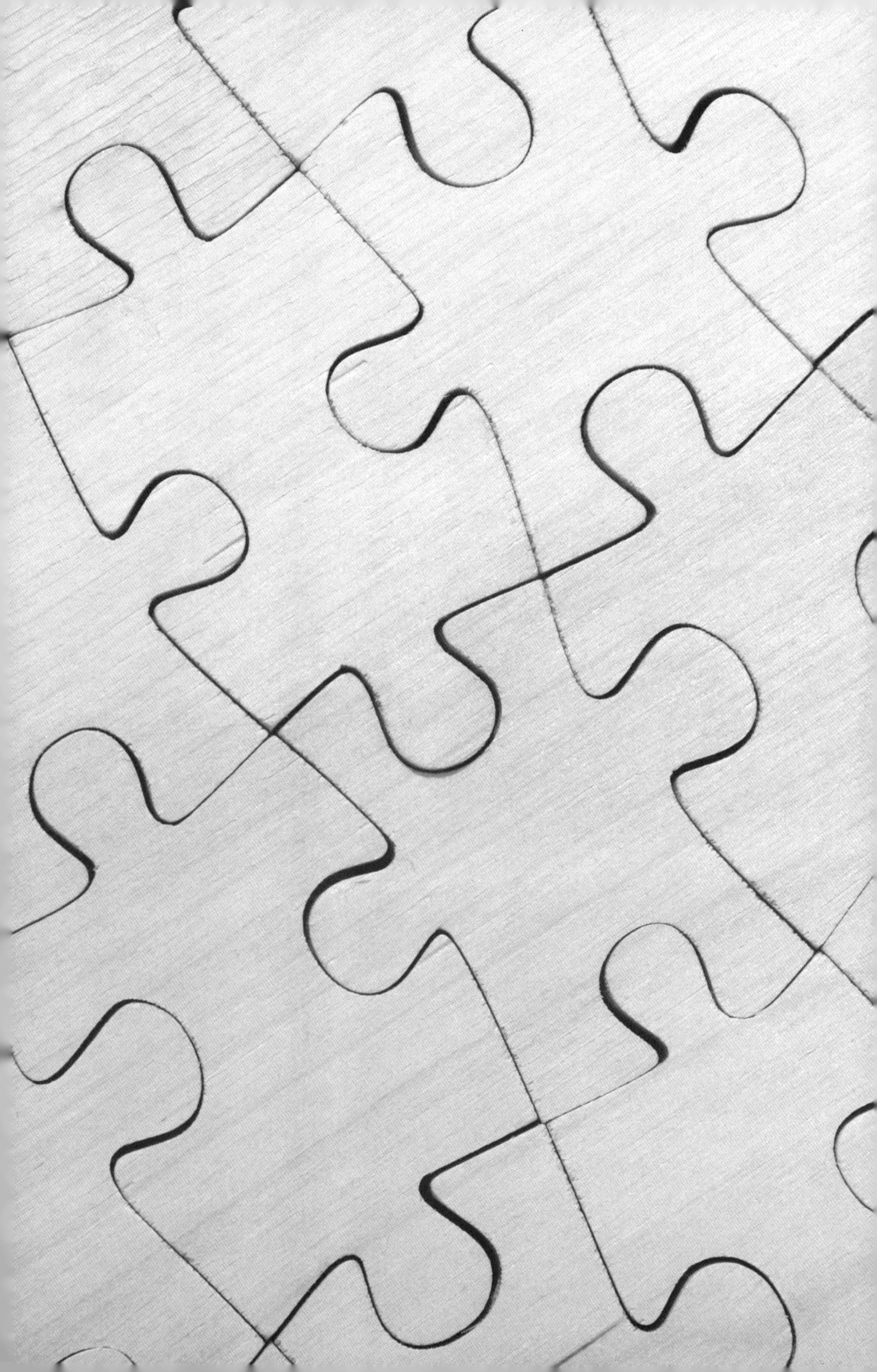

"Eu sou assim mesmo!"

Ele não participava, não colaborava, nem ajudava seus colegas de trabalho. Terminava a sua tarefa e ficava parado aguardando a hora de ir para casa. Um dia, chamei esse funcionário e perguntei a ele por que ele agia daquela maneira tão individualista. Ele respondeu: *"Eu sou assim mesmo"*.

Nossa gerente de produtos chamava os colegas de ignorantes, falava mal de todo o mundo e agredia verbalmente as pessoas. Subordinados chegavam a chorar ao serem abordados pela profissional. Perguntei a ela qual o motivo de tanta agressividade. Ela respondeu: *"Eu sou assim mesmo"*.

Nos dois exemplos acima, ambos reais, o final foi que os dois profissionais perderam seus empregos. Se eles eram *"assim mesmo"* e não estavam dispostos a mudar, nossa empresa também não tinha obrigação de aturá-los.

Os dois eram competentes do ponto de vista estritamente profissional. Mas eram totalmente incompetentes do ponto de vista social e emocional. E, numa empresa, na vida em sociedade, não basta ser apenas um indivíduo competente. É preciso ser, também, alguém sempre pronto a colaborar, a participar e a opinar.

Pessoas individualistas, que não se comprometem com a empresa como um todo, não têm sucesso pessoal, nem profissional.

Se essas pessoas dizem ser *"assim mesmo"*, não suportam ignorantes ou trabalhar em times, é importante lembrá-las que as outras pessoas também não têm a obrigação de suportar sua arrogância, seu egocentrismo e seu mau humor.

Há pessoas que ainda acham bonito serem autênticas, sendo que são mal-educadas, grosseiras, egocêntricas e mal-humoradas. Essas pessoas não percebem como são ridículas quando deixam de dominar seus comportamentos anti-sociais e, pior ainda, quando não fazem esforço algum para mudar.

Como você é? Você colabora? Participa? Procura ser uma pessoa gentil, polida e educada? Você é visto como alguém realmente comprometido com sua empresa, suas marcas, seu departamento ou seção e com os seus colegas?

Ou será que você é uma daquelas pessoas que se acham as melhores, as maiores, as mais inteligentes e até as mais injustiçadas? Pense nisso.

Boas maneiras nunca são demais

Nunca é demais falar da importância das boas maneiras no ambiente de trabalho e na vida. Afirmo isto porque, por meio de estudos, temos constatado que um dos maiores problemas no ambiente de trabalho é a falta de polidez e de boas maneiras.

Gestos rudes, pequenas grosserias ou um tom de voz elevado podem criar situações de tensão que perduram por dias, semanas e até meses. E nada é mais simples do que dizer: com licença, por favor, obrigado e desculpe-me.

Isso sem falar das fofocas e das ironias, atitudes cínicas e desprezo aos mais humildes. Tudo isso forma um ambiente de trabalho degradante para o ser humano que quer – e deve buscar – uma condição de vida elevada, onde impere a boa educação, a gentileza e a polidez.

Experimente começar hoje mesmo em sua empresa, e mesmo em sua vida, um programa sério de boas maneiras. Ao chegar, cumprimente seus colegas. Pergunte como eles passaram desde o último dia em que se viram. Diga, sempre que couber, as palavras mágicas: *com licença, por favor, obrigado* e *desculpe-me*. Sempre que derrubar alguma coisa no chão, pegue, recoloque em seu lugar e peça desculpas. Faça o mesmo ao tomar algo emprestado – devolva e diga *muito obrigado*. Ao cortar a frente de alguém, peça licença.

Quando usar os sanitários, deixe-os limpos. Quando tomar café ou água, jogue o copinho no lixo próprio ou lave a sua xícara ou copo se estiver numa copa e não houver alguém designado para esse serviço. Quando errar o cesto de lixo ao jogar um papel, levante-se e coloque-o dentro do cesto, imediatamente. Limpe os pés ao entrar em seu escritório ou local de trabalho e, logicamente, em sua casa. Ajude as pessoas. Seja alguém sempre pronto para servir.

Na rua, auxilie os mais velhos. Dê seu lugar às mulheres grávidas e às pessoas de mais idade. Ao caminhar em uma rua ao lado de alguma mulher, coloque-a do lado de dentro do passeio, para que ela fique mais protegida dos automóveis e da rua. Tenha atenção e carinho com as crianças e com pessoas portadoras de necessidades especiais, entre outros gestos educados e generosos.

Mude a sua imagem para a de alguém que dignifica o ser humano. Faça uma análise de tudo o que você pode melhorar em sua polidez, gentileza e boas maneiras. Parta para a ação hoje mesmo!

Não deixe para depois. Pense nisso.

Com que roupa eu vou?

Pode não parecer muito importante, mas a verdade é que a maneira como as pessoas se apresentam, as roupas que vestem, principalmente no trabalho, têm uma importância fundamental na imagem e até no próprio desempenho profissional.

Como antropólogo sou obrigado a admitir que a maneira de se vestir tem uma grande influência nas pessoas. O próprio homem primitivo se trajava de maneira diferente para cada situação. O trajar condiciona o comportamento. Quando você está bem vestido, com roupas finas e caras, até o seu andar muda. Seu modo de falar e seu jeito de olhar mudam. Preste atenção como as pessoas mudam seu comportamento em uma cerimônia onde estejam bem vestidas.

Da mesma forma é preciso tomar muito cuidado com a maneira de se vestir para ir trabalhar. Se não houver uma preocupação séria com o traje, aos poucos as pessoas vão ficando cada vez mais relaxadas em relação ao vestir-se. E esse relaxamento passa para o ambiente de trabalho: as pessoas tornam-se menos gentis, mais agressivas e até mais permissivas. Vestindo-se de qualquer maneira, a informalidade que se instala pode prejudicar o ambiente e a qualidade do trabalho.

Não é à-toa que certas empresas exigem trajes mais formais. Estudos comprovam que com este estilo de roupa as pessoas se comportam melhor e até fazem as coisas com mais atenção aos detalhes e à qualidade.

É fundamental prestar atenção, porque o trajar condiciona comportamentos. No trabalho, cuidado para não exagerar nas roupas da moda que possam ser incompatíveis com um ambiente que exige atenção, respeito e cooperação. Tenho visitado empresas em que homens e mulheres, principalmente os mais jovens, parecem ter perdido a noção do que seja um ambiente de trabalho. Miniblusas, regatas, saias mínimas, chinelos e bermudas podem comprometer a qualidade do ambiente de trabalho. Ninguém é contra uma roupa mais leve e mais de acordo com o clima da estação. Mas é preciso conhecer os limites do bom senso ao vestir-se para trabalhar.

E você? E sua empresa? Como as pessoas têm se vestido para trabalhar? Pense em maneiras de estabelecer certas normas de vestir (*dress code*, como dizem os ingleses) em sua empresa para que todos fiquem mais confortáveis e o ambiente seja propício ao trabalho. Lembre-se que a maneira de vestir condiciona o comportamento das pessoas e que se vestir bem não significa usar roupas caras ou de *griffe*.

Basta bom senso. Pense nisso.

"Quando a cabeça não ajuda, o corpo padece..."

Este velho ditado do século XIX tem um fundamento incrivelmente importante e profundo para o qual nem sempre damos atenção. Ele nos diz que muitas vezes que deixamos de usar a nossa inteligência – um atributo que só o ser humano possui –, temos de refazer as tarefas. E, como conseqüência, perdemos tempo e gastamos mais energia. Ou melhor, o nosso corpo pagará o preço tendo que trabalhar mais.

Quando não usamos nossa cabeça, por exemplo, prestando atenção ao que estamos fazendo, corremos um grande risco de errar e ter que refazer a tarefa. E quantas vezes isso nos acontece! Analise um fato simples: a troca de uma lâmpada. Se não verificarmos a exata voltagem do local, poderemos comprar uma lâmpada errada. Este descuido de atenção poderá nos obrigar a repetir a tarefa de subir a escada várias vezes, ou de termos que voltar à loja para trocar a lâmpada comprada por outra. Perdemos tempo e energia. Daí o alerta do ditado: *Quando a cabeça não ajuda, o corpo padece...*

O ditado nos manda planejar, com antecedência, tudo o que iremos fazer. Sem um bom planejamento, a execução será, certamente, mais custosa, demorada, cheia de percalços que teriam sido evitados com um planejamento bem-feito. Quanto se perde ao fazer uma viagem sem planejamento? Quanto se perde ao acreditar na sorte? Quanto se deixa de ganhar por não pensar antes de começar a fazer? Muitas vezes somos penalizados por não buscar com antecedência a informação necessária.

Agora, pense em sua empresa e em você mesmo. Quantas vezes, por não usar a cabeça, repetimos tarefas sem necessidade?

Cometemos muitos erros por falta de atenção, pressa e falta de planejamento. Pense nisso.

Desafie-se

Em nossa fazenda, ao lado de uma porteira abandonada, tinha uma *buganville* (primavera) exuberante. Ela estava no meio do mato e as pessoas comentavam: *"Nunca vimos uma* buganville *tão linda, dando tanta flor"*. Tanto falavam da *buganville*, que resolvemos cuidar melhor dela. Fizemos um coroamento em torno da árvore, colocamos fertilizantes especiais e tudo o que pedia a boa técnica agrícola. Tiramos todo o mato alto que havia ao seu redor.

Dois anos depois a buganville não dava mais flores. Aquela exuberância acabou. Preocupados, chamamos a atenção dos funcionários. *"Vocês estão fazendo alguma coisa errada com aquela* buganville*!" "Não"*, responderam eles. *"Fizemos tudo certo, como o engenheiro agrônomo indicou."* Chamamos um agrônomo paisagista e perguntamos o que havia acontecido com a nossa planta. Ele nos explicou que a flor é elemento de reprodução de uma árvore. Quando ela está ameaçada, dá muita flor, porque precisa lutar para sobreviver. A árvore, que estava no meio do mato com muitas outras espécies, estava competindo pela sobrevivência. *"Ela tinha que lutar, por isso florescia muito"*, explicou o agrônomo. Como adubamos, limpamos e deixamos tudo muito propício para a *buganville*, ela se "acomodou". Ela dá poucas flores, apenas as necessárias para continuar sobrevivendo. Não precisa mais lutar.

E o agrônomo continuou a explicação: *"Vocês se lembram que os antigos davam umas pequenas machadadas nas mangueiras, nas jabuticabeiras e em outras árvores frutíferas? Por quê? Para que, reagindo àquela agressão, as árvores dessem mais flores e frutos, numa luta pela própria sobrevivência"*.

Veja a lição da natureza. Agora eu pergunto a você: será que também nós não precisaríamos, de vez em quando, dar umas sacudidas simbólicas para lutar, inovar e vencer? Será que, às vezes, não precisaríamos sair um pouco do nosso conforto e buscar aquela força necessária, que vem da necessidade?

Certa vez um amigo me disse: *"Marins, me ajude a encontrar algum trabalho extra que eu possa fazer no período da noite. Se você tiver algum contato me avise, por favor"*. Eu perguntei: *"Por que você está tão desesperado? Você tem um bom emprego"*. E ele respondeu: *"É que eu comprei uma casa nova e agora eu tenho que pagar essa casa!"*

Quando você tem uma dívida ou faz num negócio mais ousado, você busca uma energia que você mesmo pensou não possuir. Não é verdade? E quando um concorrente aparece do lado da sua empresa, ou no seu mercado, aquilo parece levantar você, fazer você caminhar?

Se você não se desafiar, não criar desafios para você mesmo, você se acomoda, pára. Quando você não tem uma meta, quando você não tem uma ambição positiva, pode se acomodar. Pode acontecer com você o que aconteceu com a minha buganville. *Você pára de dar flor, você pára de dar frutos. Tenho vários exemplos que provam que a falta de desafios e o excesso de conforto podem nos acomodar.*

Em uma de nossas empresas todos estavam acostumados com um patamar de vendas, por exemplo, cem produtos por vendedor. *"Está ótimo, professor"*, disse-me uma vendedora, complementando: *"A média da nossa indústria, do nosso ramo, é sessenta, setenta produtos por mês e nós vendemos cem. Nós comemoramos todos os meses. É a maior média de todo o mercado"*.

Um dia contratamos um novo vendedor. Ninguém o conhecia. E, em vez de cem, ele vendeu cento e vinte no primeiro mês, cento e quarenta no segundo e cento e cinqüenta no terceiro mês. Quando perguntamos como ele conseguia vender mais do que cem produtos por mês, ele respondeu: *"Eu não sabia que só tinha que vender cem!"* Explicamos a ele que essa era a média histórica da empresa, muito maior do que a média do mercado. E ele replicou: *"Mas é possível vender muito mais do que cem!"*

Para encurtar a história, todos os vendedores hoje vendem cento e trinta, cento e quarenta e a média do mercado continua a mesma: sessenta a setenta itens. O que aconteceu? Simplesmente apareceu alguém que não sabia qual era a meta da empresa, nem a média do mercado. Não sabia que era impossível vender mais do que cem – e vendeu! Ele acabou com a nossa acomodação na meta de cem produtos e elevou a média de todo o grupo.

Nós temos a Universidade do Cavalo, em Sorocaba, São Paulo. Eu vejo as pessoas treinando os cavalos. Eles colocam primeiro um obstáculo bem baixo. Depois levantam o sarrafo do obstáculo para um metro e dez. Mas será que eles se contentam em ver o cavalo pular a vida inteira apenas um metro e dez? Não! Eles dizem que é possível subir o obstáculo para um metro e vinte. Com esta altura, o cavalo dá umas batidas e derruba a vara, tenta algumas vezes e salta um metro e vinte. E eles param? Não. Sobem o sarrafo para um metro e trinta e transformam o cavalo em um campeão.

E não será isso que nós devemos fazer conosco?
Subir o sarrafo e nos desafiar?
Quando falo em desafio, posso dar a impressão que só existem desafios materiais, desafiar-se para ganhar mais dinheiro, ou para ter aquele carro novo.
Esses desafios também são válidos, mas não pense só materialmente.

Desafie-se a ter mais paciência com os filhos, esposa ou netos. É preciso desafiar-se, também, a fazer aquele regime para emagrecer, a parar de fumar ou a ir para a casa depois do trabalho, em vez de ir ao bar.

São muitos os desafios: assistir um novo filme, uma nova peça de teatro, sair de casa e não ficar o tempo todo defronte a um televisor. Desafie-se a se arrumar melhor, a colocar uma roupa nova... Outros desafios são igualmente importantes: ouvir mais, chegar mais cedo em casa, conversar com a esposa ou marido, abraçar a esposa ou o marido, abraçar o filho, abraçar a filha, dar um beijo neles. O que vale é criar desafios para você, que pode renascer e encontrar novos motivos para viver.

Qual é o seu maior desafio?
Desafie-se! Pense nisso.

"Ninguém entende o que escrevo!"

Escrever bem é essencial para o sucesso de qualquer profissional nos dias de hoje. O mundo moderno já havia se esquecido da escrita quando surgiu a *internet* e com ela os *e-mails*. Escreve-se muito mais hoje do que há dez anos. Daí a importância de escrever bem.

Recebo dezenas de *e-mails* de telespectadores todas as semanas, mas muitas mensagens, infelizmente, são difíceis de compreender. Algumas delas são truncadas, de modo que nem sequer consigo saber se a pessoa está fazendo um elogio ou uma consideração negativa.

Escrever bem não é escrever de forma rebuscada, com palavras difíceis ou na ordem inversa para impressionar o leitor. Na comunicação empresarial, a regra é: quanto mais simples, melhor. Quanto mais concisa, clara e objetiva a mensagem, melhor será sua compreensão.

Muitas empresas têm descoberto que um de seus grandes problemas está na comunicação entre departamentos e pessoas e têm contratado professores de português para avaliar a comunicação (interna e externa) e ensinar formas mais corretas e eficazes de comunicação empresarial.

Faça uma avaliação da comunicação em sua empresa. Veja quantos problemas poderiam ter sido evitados se houvesse uma comunicação adequada. Avalie se as mensagens escritas são totalmente compreendidas. Treine seu pessoal e você sentirá uma grande diferença. O homem brasileiro é oral e auditivo. Falar bem é muito importante no Brasil.

Mas nunca se esqueça de que escrever bem será sempre essencial. Pense nisso.

Primeiro viver, depois filosofar

O filósofo inglês Thomas Hobbes, em seu livro *O Leviatã* (1651), registrou a frase latina: *"Primum vivere, deinde philosophare"* (Primeiro viver, depois filosofar).

Conheço pessoas e mesmo empresas que têm uma enorme capacidade para desenvolver novas idéias e projetos. Elas ficam meses e até anos pensando, reformulando o pensamento e aperfeiçoando o projeto, mas não conseguem transformar essas idéias em ação e essa ação em resultados.

Não estou afirmando que filosofar, pensar, cismar e questionar não sejam importantes. Para que caminhemos com o devido entusiasmo é preciso saber onde queremos chegar. O que quero ressaltar é que não basta o saber. *É preciso agir. E agir com os pés na realidade.*

Conheço pessoas e empresas com sonhos mirabolantes de sucesso, que passaram a vida sonhando em realizar grandes negócios e projetos monumentais, que ficaram no sonho, na filosofia. Nunca desceram à realidade do mundo real. São pessoas maravilhosas. Empresas que têm todas as condições de crescer, mas que ficam distantes das coisas simples e concretas – coisas que, de fato, caminham para o sucesso.

E você como é? E sua empresa?

Faça um retrospecto de todos os projetos e sonhos que já teve e que nunca foram realizados por falta de uma visão mais empreendedora da vida. Pense nisso.

Comportamento *versus* atitude

Se eu disser a uma pessoa: *"Fique alegre"*. Eu estarei me referindo a uma atitude, a atitude de ser alegre. Se eu disser: *"Sorria"*, estarei me referindo a um comportamento. Por quê? Porque eu posso ver a pessoa sorrindo, eu posso fotografá-la sorrindo, eu posso medir o tempo que a pessoa ficou sorrindo. Mas eu não posso medir a alegria, fotografar a alegria. A alegria é uma atitude. Sorrir é um comportamento.

Perceba a diferença entre atitude e comportamento. Eu contrato uma moça, Marina, para ser recepcionista da minha empresa e digo a ela: *"Eu quero que você seja uma moça educada e cortês e que você seja sempre alegre, fina, educada e gentil"*. Um dia, chega um de meus melhores clientes para visitar minha empresa. Ao recebê-lo, Marina não se levanta da cadeira, não oferece café, nem pede que ele se sente enquanto me avisa de sua chegada. Quando ele vai embora, eu vou como uma vespa em cima da Marina e falo: *"O que é isso, menina! Veio aqui o meu melhor cliente e você não ficou em pé, não ofereceu café, não pediu que ele se sentasse!"* E Marina responde: *"Professor, eu fui simpática com ele e procurei ser educada, fina. Eu só não fiquei em pé. Só não ofereci café. Só me esqueci de pedir para que ele se sentasse..."*

A pergunta é: será que ser simpática e educada para mim é a mesma coisa que ser simpática e educada para Marina? Será que quando eu digo seja cortês, o que imagino por cortesia é a mesma coisa que ela imagina? Quando trabalho com atitudes posso incorrer em erros de interpretação (exatamente como ocorreu com Marina). Tenho que confiar no bom senso e torcer para que meu subordinado tenha os mesmos conceitos que eu em relação às atitudes.

Em empresas, o ideal é trabalhar com comportamentos.

Tomando o mesmo exemplo acima, o correto seria dizer à Marina: *"Você vai ser recepcionista da minha empresa. Quando uma pessoa chegar, você deve ficar em pé, cumprimentá-la, oferecer café, indicar o sofá, dizendo a ela para sentar-se e perguntar se ela quer fazer uso do toalete. Entendeu?"* A seguir, eu devo pedir à Marina que repita os comportamentos que eu quero que ela emita. Então, ela dirá: *"Eu vou ficar em pé, vou fazer isso, isso, assim..."*

Em seguida, eu devo explicar a ela os motivos de tais comportamentos: *"Ficar em pé, dizer bom dia, oferecer café etc. darão à pessoa que chega a impressão de você ser uma pessoa cortês, educada e simpática. É a imagem que queremos que as pessoas tenham de você e de nossa empresa"*.

Depois de ter explicado à recepcionista os comportamentos que eu desejo que ela emita, se ela não os cumprir, aí eu devo adverti-la. Por quê? Porque ela sabia, exatamente, o que era esperado dela. Mas, no primeiro exemplo, eu teria sido injusto se a punisse, porque ela "imaginou" estar sendo cortês e educada, segundo sua própria concepção de gentileza e cortesia.

Tomando como exemplo a recepcionista Marina, muitas vezes os chefes trabalham com atitudes em vez de comportamentos, confundindo seus subordinados. *"Você está desmotivado, eu sinto você desmotivado"*, diz o chefe. Ora, o que é desmotivado?

"Eu não vejo mais aquela chama que existia dentro de você, você está esquisito rapaz, cuidado!" O que é "chama dentro de você" ou "esquisito"? Ao ter sua atenção chamada por seu chefe, o subordinado poderá pensar: *"Meus Deus, eu nunca me dediquei tanto a uma empresa. Eu chego às 6 horas da manhã e saio às 10 horas da noite. Trabalho feito um condenado e o homem diz que não vê a chama dentro de mim! Que chama é esta?"*

Aqui o chefe deveria lidar com comportamentos e não com atitudes. O que, de fato, o seu subordinado está fazendo que está dando a ele, chefe, a idéia de que ele está desmotivado ou perdeu a chama? Talvez, o chefe devesse dizer, por exemplo: *"Antes de sair, todos os dias você batia na porta do meu escritório e me perguntava se eu precisava de alguma coisa. Você nunca mais fez isso. Por que você não me avisa mais quando vai embora?"*

Trabalhando com comportamentos, a relação chefe-subordinado fica clara, transparente e não deixa dúvidas sobre o desempenho. Fizemos uma pesquisa com gerentes de empresas e descobrimos que os gerentes não sabiam se no dia seguinte seriam promovidos, despedidos ou mantidos em seus cargos. Isso queria dizer que as pessoas andavam pisando em ovos na empresa, uma total insegurança. Por quê? Porque as avaliações são atitudinais e não comportamentais.

Para avaliar um subordinado você deve pensar e saber exatamente o que ele não faz e você gostaria que ele fizesse e o que ele faz que você gostaria que ele deixasse de fazer. Trabalhe com as pessoas de maneira comportamental.

Ao dar ordens e avaliar pessoas,
use verbos de ação que você possa medir,
"fotografar", observar.
Pense nisso.

Cuidado!
O tempo voa!

Atente para a aceleração de nossa época. O tempo parece voar. E, como nada é mais irrecuperável que o tempo, temos que tomar um enorme cuidado para aproveitá-lo bem. Ganhar tempo é o nome do jogo! E ganhar tempo significa não perdê-lo com coisas acidentais. Significa sabermos claramente o que é essencial, importante e acidental e concentrarmos toda a nossa energia no essencial.

Repare como perdemos tempo em coisas sem a mínima importância. Perdemos tempo e energia em coisas que não nos levam ao sucesso, que não agregam nada de valor à nossa vida pessoal ou profissional. Perdemos tempo falando mal dos outros, fazendo fofoca. Perdemos tempo deixando de aprender, lendo pouco ou lendo coisas de pouco valor cultural. Perdemos tempo quando deixamos de participar de programas e projetos que nos fariam crescer e optamos por um ócio pouco criativo. Ócio que nos faz cada vez mais preguiçosos.

É preciso aprender a ganhar tempo. Tempo ganho é tempo dedicado à família, ao crescimento profissional, aos verdadeiros amigos e ao lazer criativo que nos renova. É também tempo dedicado ao nosso aperfeiçoamento pessoal, à análise de nossos pontos fracos e fortes e ao reforço de nossos identificadores positivos.

Quando fazemos alguma coisa que nos faz sentir,
hoje, melhores do que ontem, ganhamos tempo...
Também é ganho o tempo que dedicamos a agradecer
às pessoas que nos ajudam a vencer e a tornar
o nosso fardo um pouco mais leve.

O tempo voa. De repente, passaram-se as horas, as semanas, os meses, os anos. E se não tivermos consciência para aproveitá-lo bem, com certeza, choraremos tê-lo perdido em coisas acidentais, de pouco valor.

Ganhar tempo é entender que as coisas permanentes (e não as transitórias) são importantes. Pense nisso.

As armadilhas do sucesso

Durante o anúncio dos convocados à Copa do Mundo de Futebol de 2006, um repórter perguntou ao técnico Parreira como ele se sentia com tanto favoritismo do Brasil, pois tanto na Europa como aqui todos já tinham o Brasil como, mais uma vez, campeão do mundo.

O técnico respondeu que este favoritismo era uma "armadilha do sucesso". Você é o favorito, justamente pelo seu sucesso, e isso traz a você uma enorme responsabilidade extra – a de ser sempre sucesso, sempre ganhar, sempre ser campeão. E, justamente pelo continuado sucesso e favoritismo, nossa seleção terá que ter extremo cuidado, grande humildade, não se deixar cair na armadilha de se achar campeã antes de ter vencido o jogo final. Essa é a grande armadilha do sucesso: pensar que já venceu, antes de ter vencido. E foi exatamente isso que aconteceu: o Brasil não ganhou a Copa do Mundo de 2006.

É preciso ter humildade. Mas humildade não significa deixar de reconhecer o seu real valor e o seu favoritismo. Significa, sim, empenhar-se ainda mais, comprometer-se totalmente para corresponder à expectativa, treinar mais, cuidar dos detalhes para que a vitória seja uma certeza antecipada e real.

Na empresa e na vida acontece a mesma coisa. Muitas vezes caímos na armadilha do sucesso. Um possível passado de vitórias faz com que as pessoas ao nosso redor tenham a mais absoluta certeza de que venceremos mais uma vez e venceremos sempre. A armadilha de nos acharmos invencíveis, campeões por antecipação, imbatíveis no que fazemos ou somos, pode nos levar à derrota. E, como disse o técnico Parreira, no futebol só um pode ser o vencedor. Não existe um quase-campeão.

Daí a necessidade de cuidar do que fazemos e até do que falamos. De não nos deixar cair na armadilha do sucesso. Muitas pessoas e empresas que você conhece caíram nessa armadilha: grandes nomes, políticos conceituados, pessoas famosas, empresas imbatíveis e marcas famosas...

Onde estarão agora?
Cuidado você também. Pense nisso.

Desejo de *status*

Outro dia, fui repreendido por uma advogada porque não a chamei de "doutora". Um amigo me contou que ficou esperando duas horas para receber um cheque que estava pronto sobre a mesa de um diretor. Ao entregá-lo, a secretária explicou: *"O cheque está pronto há muito tempo. É que o meu diretor gosta de deixar as pessoas esperando para se fazer de importante"*. Um agente de viagens contou que alguns clientes fazem absoluta questão de sentar no primeiro assento do avião, pois acreditam que aquele lugar dá *status*.

Em uma oficina, um mecânico contou que o "doutor Fulano" não aceita esperar um minuto sequer... A mesma coisa ouvi de um frentista de posto de gasolina: *"Aquela mulher não suporta esperar. Ela quer que a gente pare de atender a outra pessoa para atendê-la"*. *Maîtres* e garçons ficam abismados ao observar que alguns clientes têm uma mesa especial e que não vão ao restaurante se a "sua" mesa estiver ocupada.

Outros, ainda, assistem apenas uma palestra sobre vinhos e se acham os maiores especialistas em enologia, ensinando o sommelier. *Conheço clientes que fazem questão absoluta de serem atendidos pelo dono do restaurante e não por garçons. Alguns não admitem que seu "carrão" vá para o estacionamento. Exigem que ele fique estacionado defronte ao restaurante – não interessa se há ou não vaga...*

"Tal hóspede só fica na suíte 206. Se ela estiver ocupada ele fica uma fera", disse-me o gerente do hotel... Ou ainda: *"O presidente só toma café nesta xícara. Quando a anterior quebrou, não encontramos outra no Brasil. Daí um diretor trouxe outra igual da França"*, confidenciou-me a copeira da empresa. Esta lista de exigências não teria fim se quiséssemos esgotá-la.

Por que certas pessoas sentem tanto desejo e mesmo necessidade de status?

Alain de Botton, um filósofo contemporâneo, estuda esse desejo tão exacerbado nos dias atuais em seu livro que leva o nome desta mensagem: *"Desejo de status"* (Editora Rocco, 2004). O autor analisa o esnobismo contemporâneo como forma de vencer o anonimato e a falta de conteúdo das pessoas neste mundo de aparências em que vivemos. Vale a pena ler.

O mundo já está complicado demais
para que as pessoas ainda vivam buscando status.

Pessoas esnobes, desejosas de deferências e rapapés, parecem não compreender que estamos no século XXI e não no XIX. Fico impressionado ao ouvir relatos de pessoas que fazem exigências absurdas, atendimentos especiais, mesas únicas. Geralmente são pessoas de origem humilde que necessitam dessas exigências e até da arrogância para mostrar a sua importância, já que elas próprias, pouca importância se dão, dizem os psicólogos e filósofos que tratam do assunto.

Preste atenção se você não está
sendo vítima de um desejo exagerado de status,
fazendo exigências descabidas de serviços e atenções,
tornando-se arrogante e esnobe.
Faça uma auto-análise antes de cair no ridículo
e ser motivo de chacota das pessoas.
Pense nisso.

Parte III

Temas de motivação profissional e

EMPRESARIAL

Só os realmente bons sobreviverão

Sobreviver até que não será tão difícil. Sobreviver com sucesso será quase impossível para aqueles que não forem realmente bons. Só sobreviverá, com sucesso, o funcionário que for muito bom no que fizer. Como profissional liberal, só sobreviverá aquele que se destacar. Só sobreviverá, com sucesso, a empresa que for muito competente. Acredito, com sinceridade, que o tempo dos "mais ou menos" está acabando. A acirrada competição, a inovação tecnológica e clientes cada vez mais exigentes e poderosos decretarão a morte dos incompetentes.

O sucesso não pode ser alcançado por empresas e pessoas pouco comprometidas com a qualidade, com o atendimento, com o baixo custo e com a inovação. Está terminando até o tempo de decidir se devo ou não me aperfeiçoar no que faço para passar de bom a excelente. Ou mudo agora ou ficarei à margem do sucesso. Ou decido ser jogador que marca gols ou serei um perdedor sonhando nas gerais de um mundo cada vez mais exigente de conhecimento e dedicação.

Faça um sério exame de consciência. Decida ser excelente no que faz, custe o que custar. Invista em você, pois a hora é agora. Acredite!

É hora de aumentar a competência em tudo.
Pense nisso.

Os perigos da complacência

Para vencer os desafios da competitividade globalizada, uma empresa só pode ter em seus quadros pessoas excelentes, com obsessão pela qualidade, obsessão pela excelência. Não dá para vencer com pessoas "mais ou menos". E nós, brasileiros, temos um grande defeito: somos excessivamente complacentes com pessoas que não são excelentes e não agregam valor à nossa empresa. Somos "bonzinhos" e complacentes demais com pessoas que não querem vencer, que não querem crescer, que não querem se desenvolver pessoal e profissionalmente.

Agindo desta forma, nossas empresas estão cheias de pessoas pouco excelentes. E nada (ou pouco) fazemos para nos livrar delas. Ouço, com freqüência, empresários, diretores, gerentes e supervisores que reclamam: "Minha telefonista é um horror". *E eu respondo:* "Mas ela continua lá?" *E sempre vem uma resposta do tipo:* "Ela começou comigo faz muitos anos..." *Ou ainda:* "Ela tem cinco filhos, mora longe..." *Ou ainda pior:* "Foi um vereador amigo meu quem a indicou..."

E assim vamos mantendo pessoas de baixa qualidade em nossa empresa. É o vendedor ruim, que não vende e ainda fala mal de nossa empresa. É a balconista mal-educada, que trata mal nossos clientes. É o motorista desleixado, que não cuida do veículo e ainda reclama o tempo todo...

É claro que temos que treinar e elevar as pessoas, mostrando a sua responsabilidade com a empresa. Mas não podemos passar a vida inteira carregando pessoas incompetentes em nosso negócio. Quem mantém pessoas de baixa qualidade na empresa está fazendo cortesia com o emprego dos outros. Não será somente aquela pessoa que perderá o emprego. Todos perderão. Mantendo nos seus quadros pessoas pouco excelentes, a empresa não sobreviverá no mercado nestes tempos de competição brutal.

A complacência com quem não é excelente é um mal que tem trazido conseqüências danosas para as empresas. Muitas vezes compactuamos com a baixa qualidade das pessoas por pura preguiça. Preguiça de recrutar e selecionar uma nova pessoa. Preguiça de treinar e de corrigir comportamentos e atitudes. E a verdade é que quase sempre essa preguiça vem disfarçada de comentários do tipo: *"Não adianta trocar de pessoa, hoje ninguém presta mesmo!"* Ou ainda: *"Só vamos trocar de defeitos. Esta pessoa tem um defeito, a outra terá outros e a situação será a mesma..."*

Outro efeito não-linear da complacência é a queda de motivação. Quando outros colaboradores da empresa vêem o excesso de complacência das chefias com pessoas de baixa qualidade, ficam totalmente desmotivados a exigir mais de si próprios. Afinal, qual a vantagem em ser excelente, se quem não é excelente é mantido na empresa e muitas vezes é até promovido?

Conheço empresas em que os funcionários mais espertos já aprenderam que fazer o chamado "*marketing* interno" ou "saber vender-se bem internamente" ou, ainda, "bajular" as chefias basta para que fiquem no emprego, independen-temente de fazer o trabalho com real competência. São pessoas que percebem, rapidamente, que a empresa dá pouco valor ao que realmente ocorre com os clientes ou no mercado.

E as pessoas chamadas de "comuns" e "simples" – aquelas que não bajulam, cumprem os seus deveres e não se preocupam (ou não têm a chamada "aptidão") em vender-se internamente – ficam à margem em promoções e programas de incentivo, tão em moda hoje em dia.

É preciso acabar com o conformismo da complacência com os que não são excelentes. É preciso treinar, treinar e treinar. É preciso exigir comportamentos de alta qualidade. É preciso exigir de nossos colaboradores a atenção aos detalhes e o *follow-up* que farão a diferença para nossos clientes.

E quando percebermos que alguém do grupo não está disposto a empreender a mudança para a qualidade e para a excelência, devemos simplesmente dispensar esse colaborador ou colaboradora.

Sei que recrutar e selecionar pessoas excelentes são tarefas penosas e demoradas, que exigem comprometimento, buscas, contatos e tempo. Sei que pessoas excelentes são mais exigentes e, por isso, irão reivindicar melhor tratamento e melhores condições de trabalho. Mas, acredite, não nos resta alternativa. Ou temos conosco pessoas excelentes ou, mais cedo ou mais tarde, morreremos como empresa.

A complacência é, portanto, fatal.
Quando perceber a desídia,
a falta de comprometimento, o descaso,
o descuido dos detalhes e a falta de compromisso
em terminar as tarefas iniciadas,
o dirigente deve imediatamente chamar a atenção
e exigir de seus subordinados a excelência.
O dirigente empresarial, hoje,
não pode aceitar e ficar inerte frente a situações que
comprometam o futuro da empresa, da marca,
do negócio. A complacência com a baixa qualidade e
qualificação de nossos colaboradores significará
aceitar a derrota por antecipação.

E para derrotados nenhuma explicação salva,
nenhuma desculpa compensa,
nenhuma complacência justifica. Pense nisso.

As armadilhas das festas nas empresas

João bebeu de tudo; ameaçou tirar a roupa; subiu na mesa; falou um monte de palavrões e dançou. Acabou caindo da mesa que desmontou com o seu peso. Angélica misturou vinho com gin e *vodka* e vomitou em cima do seu chefe. Morta de vergonha, começou a soluçar. Lúcia deu um superbeijo no vigia, que a agarrou para o desespero do chefe da segurança. Roberto, bêbado, foi tirar a mulher do presidente para dançar...

É tempo de festas! Churrascos, pizzas, *happy hours*, revelação de amigo-secreto, entre outras comemorações bastante comuns em quase todas as empresas para brindar o final de mais um ano. Meu conselho é que você tome cuidado para comemorar com estilo, sem excessos, pois do contrário poderá cair em uma armadilha terrível da qual será difícil se livrar.

O clima de total descontração faz com que muitas pessoas percam completamente o bom senso e abusem da bebida, da comida e dêem vexames memoráveis. A imagem de seriedade de muitos funcionários é totalmente destruída nessas poucas horas em que as pessoas confundem as coisas e cria-se um clima de "tudo pode".

Conheço chefes que nunca mais recuperaram o seu prestígio junto aos subordinados e superiores. Conheço pessoas que acabaram sendo demitidas por assédio sexual em uma bebedeira de comemoração na empresa. Outras acabaram pedindo demissão de vergonha pela baixaria que causaram em um desses festins. Uma delas simplesmente vomitou no bolo na hora em que o presidente fazia o discurso de comemoração por mais um ano de vitórias. Nunca mais apareceu na empresa...

Comemore, mas não caia na armadilha de se deixar levar pela descontração total. Caso não esteja acostumado(a) a beber, não tente acompanhar aqueles que bebem com freqüência.

Conheça seus limites e terá sempre um final feliz.
Pense nisso.

"Quem convocou esta reunião?"

Era um feriado prolongado. Na sala de um dos hotéis mais sofisticados de São Paulo, cinqüenta gerentes de uma das maiores empresas brasileiras reuniram-se para discutir, planejar e trabalhar. Passaram ali o sábado, o domingo e a segunda-feira (feriado) trancafiados no ar-condicionado, com as cortinas fechadas, para não atrapalhar as projeções na imensa tela.

Estressados, lembrando ser um feriado, todos os participantes começaram a reverberar contra a empresa, contra a diretoria e contra a globalização. Afirmavam que viviam em regime de verdadeira escravidão e que suas famílias estavam literalmente abandonadas. Não viam mais seus filhos. Suas esposas e maridos não agüentavam mais aquela empresa "vampira", sanguinária, que não respeitava a vida pessoal de seus gerentes, que eram "obrigados" a trabalhar até as 22 horas, quase todos os dias, com intermináveis reuniões em horários "ridículos" e fora do expediente normal, de pessoas normais.

Quando os funcionários estavam quase preparando um memorando à diretoria da empresa, pedindo mais respeito à qualidade de vida e à valorização da família, mais tempo livre, entre outras reivindicações, eu, que participava da reunião como consultor, perguntei: *"Onde estão hoje (feriado) o nosso presidente e o nosso superintendente?"*

E, surpreendentemente, muitos dos presentes sabiam e responderam: *"O presidente foi pescar no Mato Grosso e o superintendente está em sua casa em Angra dos Reis..."* Ao que eu perguntei: *"E quem convocou esta reunião, num feriado prolongado?"* A resposta foi simples e objetiva. A reunião havia sido convocada pelos gerentes, as mesmas pessoas que estavam reclamando da baixa qualidade de vida e acusando a "diretoria".

Fizemos uma simples reflexão e verificamos que aquela reunião poderia ter sido convocada em qualquer outro dia, em horário normal e (pasmem) que um dos diretores gerais da empresa (não convocado) havia criticado o fato de "alguém" ter marcado aquela reunião em um feriado prolongado. E o mais interessante de tudo é que os gerentes responsáveis pela reunião eram os que mais acusavam a "diretoria" de não respeitar fins de semana e feriados.

Pense nisso. Será que não estamos de forma neurótica e inconseqüente querendo "mostrar serviço" a nossos superiores usando de forma desumana os nossos subordinados, convocando-os para reuniões intermináveis fora do expediente, exigindo relatórios que ninguém lerá, coleta de dados que ninguém analisará e que demandam um tempo enorme e trabalho extenuante? Será que não estamos (até inconscientemente) "punindo" nossos subordinados pela nossa incapacidade de liderá-los? Será que não estaremos (também inconscientemente) punindo nossos subordinados pela nossa incapacidade em construir uma família feliz, um casamento feliz?

Talvez o chefe, que quer fugir da família atolando-se em um escritório, não se conforma em ver alguém ter uma família feliz, com filhos que desejam o convívio dos pais em finais de semana e à noite...

Pessoas infelizes têm a compulsão de punir pessoas felizes. Elas não se conformam com a felicidade alheia.

E quando a chefia é composta por pessoas infelizes, a situação piora. Por que estas pessoas têm, de fato, o poder de infelicitar e destruir a qualidade de vida de seus subordinados? Conheço um "chefe" que tem o hábito de "cancelar de última hora" as férias programadas de seus funcionários. *"É para ele ver que aqui é fogo mesmo"*, disse-me o sádico chefe, afirmando que o rapaz já havia comprado e pago as passagens e reservado o hotel para as férias com a família.

Esse tipo de chefe, muitas vezes, "serve" às empresas. A diretoria até incentiva convocações em feriados, finais de semana e noites. Afinal, *"eles estão trabalhando para a empresa e é isso que queremos cada vez mais"*, revelou-me um presidente. Mas, no fundo, os verdadeiros líderes e presidentes sabem que isso não leva a nada e que pessoas estressadas, sem qualidade de vida pessoal, sem famílias estruturadas e filhos felizes produzem menos e com menor qualidade. Eles sabem que esses compulsivos alcoólatras do trabalho extenuante são suas próprias vítimas.

Esses chefes são do tipo: *"Eu sou bonzinho. A nossa empresa é que exige assim..."* Eles jamais vestem a carapuça do carrasco, cujo prazer está na ameaça e no poder de decepar cabeças. *"Cabeças vão rolar"* é a frase que eles adoram repetir. Da próxima vez que tiver a compulsão de convocar uma reunião na sexta-feira santa ou terça de Carnaval, pense duas vezes. Tem gente que é feliz.

E lembre-se: só com pessoas felizes nossa empresa fará clientes felizes! Não é o que ditam os livros de gestão? Não é o que fazem as empresas de sucesso? Ou não é o que a sua empresa quer? Pense nisso.

Cuidado para não
se deixar contaminar pela crise

Na TV, no rádio e nos jornais, os assuntos abordados falam de um amontoado de mentiras, fraudes, corrupção, deslealdade, contravenções, crimes e muito mais. Com tantas denúncias de corrupção, verdadeiras ou falsas, corremos o risco de ser atacados por um grande desânimo. Por uma sensação de que não há mais ninguém honesto no mundo ou mesmo que os valores com os quais fomos criados e educados estão totalmente fora de moda hoje em dia. Corremos o risco de questionar se vale trabalhar tanto, ser honesto, ser leal e ético.

Corremos o risco do relativismo, em que nada é certo e nada é errado, que tudo depende das circunstâncias. Este é um momento de grande perigo porque começamos a achar normal e até justificar atitudes e comportamentos amorais, antiéticos e desonestos. Começamos a achar que o mundo é assim mesmo ou, ainda pior, passamos a dizer que o brasileiro é assim mesmo e que a ética, a moral e a honestidade estão mortas.

Não se deixe contaminar! Não se transforme em uma pessoa relativista! Estamos vendo na imprensa notícias e fatos que denotam desvios de comportamento, e não aquilo que é certo ou justificável. Este é mais um motivo para pensar e agir exatamente na direção oposta. Seja mais ético, leal e honesto. No seu emprego, na sua empresa e na sua profissão, seja um ferrenho defensor dos valores mais elevados da conduta humana.

Não se deixe contaminar! Pense nisso.

É possível
reter talentos?

Marcelo acompanhava cada um de seus clientes. Saía da empresa e ia onde o cliente estava para satisfazer uma necessidade. Todos diziam que ele era surpreendente. Desligou-se da empresa sem dizer os motivos. Júlio era o melhor vendedor. Vendia mais do que o dobro da média dos outros vendedores. Pediu demissão alegando motivos pessoais. Marcela era uma secretária exemplar. Bilíngüe, ela atendia a todos com presteza e cortesia. Tinha excelente redação e dominava bem editores de texto e até planilhas de cálculo. Saiu da empresa sem explicar a razão. O que terá acontecido com essas três pessoas – reais, com nomes fictícios?

Conversei separadamente com cada uma delas. Marcelo explicou que deixara a empresa porque o seu chefe se incomodava muito com seu sucesso junto aos clientes. Os clientes ligavam para a empresa e queriam falar com ele (Marcelo) e não com seu chefe. As pessoas da empresa também não entendiam por que Marcelo recebia tantos convites dos clientes e fornecedores para confraternizações e isso parecia gerar um certo ciúme interno. Seu chefe começou a não permitir que ele visitasse os clientes com a mesma freqüência. Isso tudo o deixou muito chateado e ele pediu a conta.

Com Júlio o que aconteceu foi que ele vendia tanto que sua comissão era maior do que o salário do seu chefe e até do pró-labore de seu patrão. Eles queriam, então, renegociar sua comissão para baixo. Diziam: *"Você não pode ganhar tanto!"* Esse foi o real motivo de sua saída. Marcela disse que cansou de brigar para trabalhar. Seu chefe a mandava mentir a todo instante. Marcava um compromisso, não ia e mandava Marcela dizer que ele não estava sabendo do compromisso agendado. Além disso, o ambiente de trabalho era muito ruim. As pessoas eram mal-educadas, pouco gentis, e não havia respeito entre as pessoas que confundiam a vida profissional com a vida pessoal. A esposa e a filha do patrão mandavam e desmandavam na empresa sem que pertencessem ao quadro funcional. Não agüentou mais. Pediu a conta.

Reter talentos não é fácil.
Justamente por serem pessoas talentosas,
elas exigem condições de trabalho especiais.
Muitas delas não reclamam,
não falam e nem se justificam.

Como sabem ser talentosas e confiam na sua empregabilidade, elas simplesmente saem do emprego alegando qualquer motivo banal como: *"Estou querendo dar um tempo para mim"*. Elas não dizem a verdade porque sabem que a verdade poderá ofender e não querem ter essa preocupação. Simplesmente partem para outro emprego, outro desafio.

A discussão de retenção de talentos é fundamental nos dias de hoje, porque não há como uma empresa sobreviver em um mercado competitivo com pessoas sem talento. Todos temos muitos concorrentes, com qualidade semelhante e preços similares. A nossa diferença deve estar em gente talentosa, que diferencie nossa empresa e nossa marca.

Para reter pessoas talentosas é preciso dar a elas condições para desenvolver seus talentos. Desenvolver é a palavra-chave. Pessoas talentosas sentem necessidade de desenvolver seus talentos e, portanto, sempre querem mais. Elas querem maiores desafios e por isso são essenciais para o sucesso de uma empresa.

Reflita. Você e sua empresa criam as condições necessárias para que talentos se desenvolvam? Ou você prefere pessoas medíocres, mas obedientes, que farão aquilo que o chefe mandar... Pense nisso.

Lembre-se:
você só será promovido se alguém promover você

Um telespectador me perguntou: *"Como faço para ser promovido?"* Respondi: *"Você só será promovido se alguém promover você!"*

O rapaz ficou sem entender minha resposta. Expliquei: *"Dentre os inúmeros produtos que tenho, escolho um para promover. Destaco suas qualidades e seus atributos e busco vendê-lo ao maior número de possíveis clientes. Daí que um produto está em promoção quando ele é destacado dos demais e faço alguma coisa diferente para vendê-lo. O mesmo se dá com você".*

> *Você só será promovido se alguém fizer sua promoção, isto é, falar bem de você, mostrar seus atributos. E para que alguém possa fazer a sua promoção, você precisa ser um bom produto, isto é, vendável. Se você é um funcionário que trabalha internamente, quem poderá fazer sua promoção são seus colegas de trabalho. Eles é que deverão falar bem de você, promover você de tal forma que acabe chegando aos ouvidos de seu chefe que assinará o seu aumento de salário ou a sua mudança de função, consumando a sua promoção.*

Se você é um vendedor ou tem qualquer outra função externa, você só será promovido(a) se seus clientes o(a) promoverem, isto é, falarem bem de você e de seu trabalho. É preciso que fique bem claro que você só será promovido se alguém promover você. E só promoverão você se você se promover primeiro, isto é, se você conseguir ser um produto que atraia a atenção do seu mercado.

E qual é o mercado de um funcionário interno? São os seus colegas de trabalho, seus chefes; enfim, seus clientes internos. Para um funcionário que trabalha externamente, seu mercado serão seus clientes externos e seus contatos.

E para ser um "produto" que chame a atenção do seu mercado, você deverá surpreender e encantar este seu mercado, fazendo mais do que ele esperava que você fizesse. Você terá que ser capaz de propiciar momentos mágicos – aquilo que as pessoas não esperam de você. Só assim as pessoas falarão de você.

Se você não fizer nada diferente, não chamar a atenção, não surpreender, ninguém falará de você. Ou melhor, ninguém fará sua promoção e você ficará no esquecimento como os milhares de produtos esquecidos em uma prateleira de supermercado. É por isso que eu respondi ao funcionário que ele somente seria promovido se alguém o promovesse.

A maioria das pessoas não é promovida, porque ninguém as "promove", isto é, ninguém fala delas, ninguém as vende, ninguém as destaca das demais.
Pense nisso.

"Ele é muito competente em coisas sem importância"

Certa vez, um presidente de empresa falando sobre um funcionário disse: *"Ele é muito competente em coisas sem importância. É pena que nas coisas realmente importantes ele não seja tão competente"*. Peter Drucker, em entrevista à revista Forbes, revelou que conhecia executivos com muita energia. Mas a eles faltava canalizar a energia nas coisas certas. *"Conheço pessoas que têm um currículo cheio de vitórias em coisas triviais e de pouca importância no mundo empresarial"*, completou.

Um outro diretor de empresa contou que tem um gerente muito bom para promover festas e confraternizações, mas terrivelmente fraco em funções que a empresa espera dele. *"Ele é o gerente mais popular que temos. Mas os nossos acionistas não fazem concurso de popularidade"*, confessou.

Para algumas pessoas ser popular e querido bastam para o sucesso profissional. A popularidade na empresa fornece uma falsa sensação de segurança. Mas, muitas vezes, as pessoas mais populares são apenas populares – e nada mais.

A empresa quer e necessita de pessoas competentes. Veja como está o seu nível de competência em tudo o que faz.

Reflita se você dá força e energia às coisas essenciais para o sucesso de seu setor e de sua empresa. Pense nisso.

Assuma, de fato, a sua função

Muitos querem cargos de chefia. Não faltam candidatos a diretores, gerentes e supervisores. O problema é que, algumas pessoas, ao serem nomeadas, não assumem, de fato, as suas funções. Continuam pensando e agindo como subordinados. Querem os benefícios e as *benesses* do cargo, mas não assumem as responsabilidades que a função exige.

Muitos chefes (diretores, gerentes e supervisores) continuam tímidos em sua função de liderar pessoas e exigir delas o cumprimento de objetivos e metas. Não percebem que ainda não assumiram, de fato, o seu cargo. Ficam esperando que alguém assuma a difícil (e nem sempre agradável) tarefa de comandar.

Fortes e presentes nos momentos agradáveis, nos momentos fáceis da vida empresarial, para muitos chefes basta chegar uma crise para que eles se mostrem fracos, sem pulso e sem ação. Esta é uma triste realidade de muitas empresas. O número de pessoas em cargos de chefia que não assumem total responsabilidade pela gestão de suas áreas é muito grande hoje em dia. Tanto que crescem os cursos específicos de comando e liderança para os atuais detentores de cargos de direção, gerência e supervisão.

Há ainda os que confundem a sua posição de chefia com um democratismo caótico, tornando-se verdadeiros reféns de seus subordinados. É claro que não há mais lugar para chefes despóticos no mundo de hoje, mas há que se exigir resultados e comprometimento mesmo quando essa exigência se torna pouco popular entre os subordinados. É o chefe-líder quem deve definir o objetivo, mostrar o caminho, motivar a caminhada e fazer com que todos se sintam vencedores. E tudo isso ouvindo seus subordinados, mas não abdicando de sua função de decidir, quando a decisão se torna necessária ou inadiável.

Você, que tem um cargo ou função de chefia, faça uma reflexão.

Veja se você assumiu, de fato, a sua função ou se fica esperando que alguém assuma as decisões e as conseqüências que cabem só a você. Pense nisso.

"Quem manda estranhos à vindima não tem amor às uvas"

Eis aqui um grande ditado português. Os imigrantes vindos das colônias portuguesas nunca tinham visto uma parreira. Mandados à vindima, as destruíam pelo modo inadequado e errado de colher as uvas. De quem era a culpa?

Da mesma forma, vejo nas empresas pessoas sendo encarregadas de tarefas e responsabilizadas por missões para as quais não têm a mínima capacitação ou competência.
O resultado é sempre um desastre.
De quem é a culpa?

Vejo chefes mandando suas secretárias fazerem coisas para as quais nunca foram treinadas ou capacitadas. Fazem tudo errado. O chefe esbraveja, grita. De quem é a culpa?

Vejo vendedores sendo colocados à rua sem qualquer treinamento nos produtos que vendem, na análise dos clientes que deverão buscar, na argumentação da venda, nas possíveis rejeições ao produto, nas aplicações possíveis. Não conseguem vender. O gerente de vendas se desespera, chama a todos de incompetentes. De quem é a culpa?

Vejo responsáveis pela assistência técnica de produtos que são apenas "meio-treinados". O conserto não fica bom. O cliente se irrita. A empresa perde. De quem é a culpa?

Vejo empresas de transporte que contratam motoristas que não conhecem um determinado trajeto ou mesmo uma grande cidade. Os motoristas se perdem. A encomenda não chega a tempo. O cliente reclama. O chefe da logística se desespera. De quem é a culpa?

Vejo lojas que contratam uma nova "balconista" e a colocam imediatamente no atendimento a clientes. Ela não sabe nada, nem da loja, nem de atendimento e menos ainda de clientes. Um cliente bom e antigo chega, é mal atendido e até desprezado. O cliente se irrita. A loja perde o cliente até então fidelizado. De quem é a culpa?

Os exemplos podem encher páginas e páginas e você sabe disso porque já deve ter vivenciado uma situação parecida. Você é cliente de um banco há anos. Só tem conta lá. Todo o mundo lhe conhece. Muda o gerente de sua conta e ele vem

perguntar: *"Qual é mesmo o seu nome completo?"* Ou, ainda: *"Sua empresa faz o que, mesmo?"* Dá vontade de se atirar pela janela! Você compra há anos na mesma loja e sempre pagou tudo em dia. De repente, chega algum estranho e quer saber tudo sobre você e seu cadastro.

Não precisa ir longe para achar o culpado. A culpa é do chefe que manda estranhos à vindima sem informá-los, sem treiná-los, sem ter a garantia de que sabem colher uvas. A culpa é da empresa que acha que os gastos em treinamento são desnecessários e que as pessoas "aprendem na prática" e que as pessoas devem ter "criatividade" e "se virar" para que não errem. Quanto mais essas pessoas – sem conhecimento do que fazem – erram, mais são punidas. Quanto mais punidas, mais erram pela tensão e ansiedade de querer acertar.

O problema que ocorre nos dias atuais é que as empresas têm pressa. Muita pressa. Os resultados precisam chegar rapidamente. Ontem, se possível! E a realidade da aprendizagem não ocorre à velocidade da luz. Há que se ter tempo e paciência para que a aprendizagem aconteça e o conhecimento seja realmente incorporado ao comportamento do aprendiz. A paciência e a persistência dos chefes em treinar seus subordinados parecem ter desaparecido. E quando o subordinado está começando a aprender, ele é dispensado. Não deu tempo para ele mostrar que estava progredindo. E começa tudo novamente, com outro "estrangeiro" ou novo recrutado que nada saberá, pouco será treinado, cometerá muitos erros e quando começar a aprender será igualmente dispensado. Novamente não deu tempo!

Há chefes sádicos. Sabem que o subordinado não sabe fazer. Não o ensinam e mandam-no fazer. Depois caem como um verdugo sobre ele, chamando-o de incompetente e daí para baixo. Se você sabe (e sempre sabe!) que seu subordinado não é capaz ou está incapacitado para fazer alguma coisa, ensine-o antes de passar raiva e cometer injustiças.

Com a competição acirrada que temos hoje, nem uma empresa pode se dar ao luxo de sequer irritar um bom cliente. E é preciso que nos lembremos constantemente que ninguém é cliente de uma "empresa" como pessoa jurídica. Todos somos clientes de "pessoas". Das pessoas que nos atendem ao telefone, que nos atendem nos balcões das lojas, nas recepções das oficinas, nas bilheterias dos cinemas. Somos clientes dos simples funcionários (quase sem treinamento e recebendo baixos salários) que poderão fazer a empresa perder seu melhor cliente de milhares de reais.

Assim, sem qualquer poesia, o calcanhar de Aquiles das empresas está mesmo em sua gente. Treinar, treinar e treinar é a maior missão de qualquer chefia. "Motivar" – isto é, oferecer os "motivos" para a ação – é também tarefa de todas as chefias, em todos os níveis da empresa e não de algum departamento específico de incentivos ou produto de uma "campanha".

O mercado de hoje é uma verdadeira olimpíada em busca da conquista do cliente. Na empresa, como em qualquer esporte ou time, é preciso treinar, treinar e treinar para ganhar o jogo, pois hoje não há mais "amadores" no campeonato. Os amadores, que porventura ainda existam, não pertencem à nossa "divisão" no campeonato. Se você é da "divisão especial" saiba que seus concorrentes são os melhores e têm craques no time. Da mesma forma, se você está na segunda divisão, os times são do mesmo quilate do seu e a competição será igualmente difícil para você. E para não ser rebaixado para a várzea do futebol do mercado de hoje, você precisa ter um time que treine sem parar, com técnico competente, preparador físico e massagista.

A verdade, porém, é que as empresas parecem não estar totalmente conscientes da gravidade e da importância do momento atual do mercado globalizado e competitivo. Querem ganhar o campeonato e subir para a divisão superior sem ter jogadores competentes, sem treinamento e, às vezes, até economizando em bola, redes, chuteiras, coisas essenciais para que o jogo aconteça.

Conheço um time do interior
que perde a maioria dos jogos.
Mas tem um ônibus de luxo
para levar os jogadores até os estádios.
O orgulho do time é o ônibus.
E querem ganhar o campeonato. Pode?
Pense nisso.

"Aqui, mais ganha quem menos faz"

Nada é mais desmotivador do que ver maus e bons tratados da mesma forma. Muitas vezes, na própria família há esse sentimento. Quando nada acontece ao filho que deliberadamente desobedece uma orientação clara de seus pais, os filhos obedientes e respeitosos perguntam-se: *"Afinal, por que obedecer? Por que respeitar?"*

Alunos dedicados, que estudam e pesquisam, sentem-se desmotivados ao ver que os que colam, mentem e não estudam são aprovados nos cursos que freqüentam. *"Pra que estudar? Por que não colar?"*, perguntam-se os bons alunos.

Funcionários dedicados
que se comprometem com os clientes;
funcionários que se preocupam em saber mais
sobre os produtos e serviços da empresa;
funcionários que cumprem rigorosamente
horários e deveres
vêem-se desmotivados quando colegas que pouco fazem,
não se comprometem, falam mal da empresa e
das marcas que deveriam respeitar
são promovidos ou mesmo mantidos em seus empregos.
"Por que se comprometer?",
questionam os bons funcionários.

Esta realidade ocorre também com diretores, gerentes e supervisores que vêem colegas, menos comprometidos, serem tratados da mesma forma que os mais comprometidos e conseguirem promoções e benefícios. Promoções oriundas de atitudes bajuladoras e não de um bom desempenho profissional ou comportamento ético.

É preciso estabelecer nas empresas – e até nas escolas e organizações – critérios de avaliação de desempenho que consigam retratar e desmascarar os que pouco ou nada fazem, os que se protegem na dissimulação ou aqueles que, com seus comportamentos agressivos e ameaças, inibem as pessoas de as denunciar ou punir.

Todos nós devemos nos comprometer a fazer uma clara e transparente avaliação de desempenho, em todos os níveis, e a prestigiar e valorizar os bons, os comprometidos, os honestos, os leais, os verdadeiros e os que realmente trabalham.

Do contrário, vamos continuar desmotivando os bons, protegendo os maus, os falsos, os intimidadores e descomprometidos. Como disse um funcionário de uma empresa: *"Aqui, mais ganha quem menos faz"*. E emendou: *"Aqui, quem muito se dedica é trouxa"*.

Repare em sua empresa:
quantas pessoas fingem trabalhar?
É delas que estou falando.
Pense nisso.

Quem fez isso?

Qualquer coisa errada que acontece em uma empresa, uma das perguntas que mais se ouve é: *"Quem fez isso?"* E todos se transformam em detetives particulares ou promotores de acusação. Alguns se defendem: *"Eu não fui, nem estava aqui..."* Ou: *"Só soube agora"*. Outros dizem: *"Não quero nem saber"*. Alguns arriscam: *"Eu vi Fulano sair de lá..."* Ou: *"Isso tem a cara da Fulana..."*

Você já reparou quanto tempo se perde em uma empresa com a famosa pergunta: *"Quem foi?"* É importante saber quem cometeu o erro, mas é preciso que fique bem claro que muito mais importante é resolver o problema. Muito mais importante do que achar quem errou, é corrigir o erro!

Muitas empresas e pessoas perderam clientes, fornecedores e contratos preciosos porque ficaram procurando os culpados em vez de agir e consertar o dano causado por alguém. É preciso ter uma ordem clara de prioridade: primeiro resolver o problema, depois achar o culpado.

Há empresas que são viciadas em buscar culpados para tudo. Com isso incentivam a delação e o "dedodurismo" e nem sempre os verdadeiros culpados são os punidos. Sem se sentirem à vontade para dar suas opiniões com liberdade, as pessoas escondem seus sentimentos e o ambiente fica cada vez mais falso. Todos fingem e mentem com medo da punição e o clima é de pessoas se apunhalando pelas costas o tempo todo, embora, aparentemente, o ambiente seja cordial e amigo.

Analise como é o clima de sua empresa, de seu departamento ou seção. Veja se você não está criando um clima de "quem fez isso?" e sendo vítima de mentiras cada vez mais freqüentes por parte de seus colegas ou subordinados.

Lembre-se que atender o cliente, consertar o erro e resolver o problema é muito mais importante para o seu sucesso e de sua empresa do que encontrar o culpado. Pense nisso.

TREINAR,

QUASE SEM CUSTO

Há empresas que revelam não ter recursos para adquirir material atualizado para treinar seus colaboradores. Afirmam, ainda, que palestrantes são muito caros e pouco acessíveis à pequena e média empresa. Sem querer polemizar muito esse tema, o que tenho visto é uma grande acomodação. Quase sem custos, há, hoje, meios para treinar funcionários.

A televisão é um deles. Há excelentes programas que podem ser gravados e levados à discussão dentro da empresa. Mesmo um bom filme pode ser tema para uma discussão de crenças e valores ou mesmo de comportamentos e atitudes em relação a clientes, colaboradores internos e externos e até para uma análise de mercado.

Conferências e palestras, ofertadas quase graciosamente por associações de classe, clubes de serviço e sindicatos, são boas opções. Basta um contato com a entidade promotora e, com certeza, alguns lugares serão cedidos com muito prazer. Na própria internet, a empresa interessada poderá encontrar uma infinidade de textos, apresentações ou pequenos filmes sem custo algum. Isso sem falar da possibilidade de intercâmbio com outras empresas de sua região, por meio de permuta de material instrucional e mesmo de pessoal apto a realizar pequenos treinamentos ou palestras, propiciando um rico processo de troca de experiências.

A verdade é que não há mais desculpas válidas para uma empresa não treinar seus colaboradores. É só querer. É só ter a determinação de fazer. É só ser mais pró-ativa e não ficar esperando que as coisas aconteçam. Hoje, mais do que nunca, é preciso ir atrás, buscar.

Analise todas as oportunidades que existem para treinar o seu pessoal com baixo custo e alta qualidade. Pense nisso.

Pense
no que está fazendo

Uma das maiores causas do insucesso é a falta de atenção. Você já reparou quantas vezes estamos fazendo uma coisa e pensando em outra? E você já pensou quantos erros cometemos por não estarmos totalmente concentrados no que estamos fazendo? Prestar atenção, concentrar-se e pensar no que se está fazendo é um treino. E é um treino que exige muita dedicação e muito esforço. Não acredite na falsa idéia de que "você é assim mesmo(a)" – sem capacidade de concentração – e que não pode mudar.

Você pode e deve mudar. O primeiro passo para a concentração é pensar, com seriedade, no que se está fazendo. Ambientes de muita brincadeira, pessoas que falam alto e que se movimentam o tempo todo podem dificultar a concentração. Assim, se você trabalha num ambiente com estas características, tente mudá-lo. Diminua o volume do rádio, por exemplo. Mude sua mesa de posição ou mesmo, se possível, o local de trabalho. Lembre-se que o barulho é um gerador de cansaço, dificultando a concentração.

Tenha o hábito de conferir tudo. Isso treinará você a concentrar-se mais, evitando ter que refazer tarefas. Anote para não se esquecer das coisas a fazer. Tenha o hábito de perguntar várias vezes até compreender bem uma tarefa. Pessoas que cometem pequenos erros o tempo todo ficam com sua imagem abalada perante chefes e até colegas.

A falta de atenção pode impedir seu crescimento pessoal e profissional. Pense nisso.

O que não agregar valor, agregará custo

Diferenciar nossa empresa de nossas concorrentes é uma estratégia em um mercado com muitos concorrentes, com qualidade semelhante e preços similares aos nossos. Se não diferenciarmos nossa empresa, para sobreviver teremos que vender preço, ou seja, dar descontos e mais descontos, prazos e mais prazos. E, sabemos que, no mundo dos negócios, a guerra de preços não tem vencedores – todos perdem. E, ao insistirmos nessa guerra, com certeza vamos quebrar.

Também sabemos que diferenciar significa agregar valor ao nosso produto ou serviço, tornando-o diferente, de tal forma que o mercado, sentindo a diferença que agregamos como valor, aceite pagar mais por nosso produto ou serviço. E aqui está a chave da questão. Temos que agregar ao nosso produto ou serviço benefícios que o nosso mercado e nossos clientes sintam como valor. Algumas empresas diferenciam seus produtos agregando apenas custos. Na verdade, elas agregam falsos benefícios, que não são percebidos como valor por seus clientes.

Por intermédio de uma pesquisa, verificamos que somente 2% das pessoas utilizam a sauna de um hotel. Mas 100% dos hóspedes utilizam-se dos chuveiros. Assim, se o dono de um hotel investir pesados recursos em uma sauna, estará agregando valor para apenas 2% de seus clientes. Porém, ao melhorar significativamente os chuveiros e o banheiro em geral, estará agregando valor para 100% de seus clientes. A mesma pesquisa detectou que apenas 15% dos entrevistados estão satisfeitos com os banheiros dos hotéis que freqüentam e apenas 5% elogiaram os chuveiros.

O dono do hotel que investiu recursos numa sauna agregou custos ao seu hotel e muito pouco benefício a seus clientes. Com certeza ele vai reclamar que não adianta diferenciar seu hotel, pois os clientes só se interessam por preço acessível, dando como exemplo a cara sauna que construiu...

Lembre-se: aquilo que não agregar valor
para a seu mercado, agregará, com certeza,
custos para sua empresa.

E, ainda tomando o exemplo do hotel, provavelmente em nossa própria empresa, o que deveríamos fazer para diferenciá-la está bem perto de nós e com baixo custo. Substituir os crivos dos chuveiros de todos os apartamentos, com certeza, seria um investimento muito menor do que uma sauna. Fazer a manutenção dos chuveiros é mais barato do que fazer a de uma sauna.

Assim, mais uma vez, temos que prestar atenção ao simples, ao que não enxergamos por estar próximo demais de nossos olhos. E a sua telefonista? E a sua recepcionista? E o seu processo de logística e distribuição? E o seu atendimento pós-venda? E a sua assistência técnica?

Diferencie, sendo excelente nos detalhes,
nas coisas simples, treinando seus colaboradores
para que dêem um atendimento que faça a diferença
que sua empresa tanto busca. Pense nisso.

Por que o bom relacionamento é tão importante?

Pouca gente parece compreender por que o relacionamento é tão importante para o sucesso no mundo de hoje. E sem essa compreensão, pessoas e empresas não cultivam um bom relacionamento e talvez esteja aí uma das razões de seu insucesso.

A importância e o valor do relacionamento advêm do fato de que estamos vivendo em um mundo com muitos concorrentes, com qualidade semelhante e preços similares. Pessoas e empresas concorrem com iguais em quase tudo.

Onde estará a diferença? O que fará com que um cliente compre de minha empresa? O que fará com que eu seja escolhido dentre tantas pessoas iguais a mim? É óbvio que a qualidade, conteúdo, conhecimento e caráter são fundamentais. Mas isso é obrigação de todos e nem se discute.

É preciso que fique muito claro
que o bom relacionamento não substitui
a competência, nem a qualidade.
Mas quando é preciso escolher entre iguais,
o bom relacionamento mostrará o seu valor.

Um bom relacionamento com fornecedores e clientes pode garantir contratos duradouros. Relacionar-se bem com pessoas pode garantir um emprego melhor ou mesmo uma promoção, pois essa será a grande diferença de valor quando se tem que escolher entre iguais.

Por isso, para vencer nos dias de hoje,
além da competência, honestidade,
qualidade, conhecimento e conteúdo
é preciso cuidar dos relacionamentos.
Pense nisso.

Qual cavalo você prefere?

Joãozinho, 12 anos, montado em um cavalo de aluguel em Campos do Jordão. Desesperado porque o cavalo se negava a andar um pouco mais rápido, chamou o dono do cavalo e disse: *"Prefiro um cavalo que eu tenha que segurar. Este eu preciso bater para ele andar..."* Pensativo, refleti sobre a reclamação do Joãozinho. Não será também assim em uma empresa? Sem querer comparar pessoas a cavalos, mas fazendo uma simples analogia, preferimos colaboradores que precisamos "segurar" aos que precisamos "fazer andar". É preferível ter gente em nossa empresa que faça, corra risco e erre, a ter pessoas que ficam paradas, eternamente esperando ordens, apáticas. O desespero do Joãozinho me fez lembrar inúmeros empresários e dirigentes empresariais, que lutam para que seus companheiros andem, façam, proponham, assumam e corram riscos.

Outro dia assisti a um presidente de empresa frente a um conselho de acionistas tendo que ouvir: *"Você é o responsável! Contrate novas pessoas; treine as atuais; reorganize e reestruture; mas faça! Cumpra suas metas! Apresente os resultados com os quais você se comprometeu perante os acionistas. Enfim, assuma! Cometa erros, mas não fique esperando que as coisas aconteçam. Elas só acontecerão se você as fizer acontecer"*. Terminada a reunião, após a saída do presidente executivo, os conselheiros-acionistas comentavam: *"É preferível ter um executivo que erre a um que tenha medo de fazer"*. Ou seja, a mesma reclamação do Joãozinho com o seu cavalo lento e preguiçoso.

Assim, em todos os níveis, é preciso que as pessoas compreendam esta lição. Se você perceber alguma coisa errada entre o produto de sua empresa e o mercado, chame a atenção, fale! Se você souber de alguma coisa que possa comprometer a relação de sua empresa com o mercado, chame a atenção, fale! E se você tem o poder de agir, melhor ainda...

Não fique esperando.
É preciso correr riscos para defender a sua marca,
o seu cliente, o seu produto e a sua empresa.

Muitos poderão reclamar de você. Mas, acredite, no final, tendo honestidade de princípios na sua atuação e tomando as atitudes corretas, você será reconhecido por quem realmente interessa.

Você é um cavalo que anda, galopa, faz acontecer ou daqueles que precisam ser empurrados para a ação ou puxados para que andem? Pense nisso.

Contaminados pelo vírus da excelência

Um dos ministros de Estado, um dos maiores líderes daquele país, estava na cidade e precisava visitar uma empresa. Sem esperar pela importante visita, a empresa foi surpreendida sem ter tempo de qualquer preparo ou maquiagem. Para espanto de todos, a autoridade passa quase três horas percorrendo tudo, do chão de fábrica aos escritórios. Ao terminar a visita, o ministro solicitou que os funcionários fossem reunidos no pátio. Qual não foi a surpresa de todos quando ele disse apenas uma frase: *"Parabéns! Vocês foram contaminados pelo vírus da excelência".*

Tudo nessa empresa era bem-feito. Quase perfeito! Os produtos eram de impecável qualidade. A limpeza era primorosa. As pessoas sabiam o que fazer – e o faziam bem. Até o café servido era um expresso de ótima qualidade. Em um painel, logo na entrada, dezenas de cartas de clientes teciam elogios.

De fato, é impressionante como há empresas e pessoas que parecem ter sido contaminadas pelo vírus da excelência. Fazem tudo com sentimento de perfeição, com comprometimento, atenção aos detalhes e follow-up *imediato. E todas as pessoas que trabalham em uma empresa contaminada por esse vírus sentem-se mal quando alguma coisa não excede os padrões normais de qualidade. Não basta ter qualidade. É preciso exceder, ser excelente!*

A palavra excelência vem do latim *excellere* (ex = além, acima + *cellere* = alto, torre). Uma pessoa ou coisa excelente é aquela que está acima (ou além) dos limites comuns. E o vírus da excelência é benigno. Ele atrai ao invés de repelir; ele soma e multiplica ao invés de subtrair e dividir. O vírus da excelência aumenta a auto-estima e, como em um círculo virtuoso, torna as pessoas inconformadas com a baixa qualidade.

Procure prestar atenção em empresas,
marcas e pessoas que foram
contaminadas pelo vírus da excelência.

São pessoas e empresas que nos dão total segurança. Aquela marca de automóvel, aquele médico, aquele dentista, aquele professor, aquele militar, aquele restaurante – tudo o que fazem é com sentimento de perfeição.

E a verdade é que pessoas contaminadas por esse vírus contaminam outras. E, rapidamente, o vírus se espalha e toda a empresa ou organização em que trabalham fica contaminada e a excelência passa a tomar conta de tudo e de todos, trazendo como conseqüência um incrível sucesso.

Acredite: o vírus da excelência
é o único vírus que,
em vez de nos prejudicar ou matar,
nos salva e fortifica. Deixe-se contaminar!
Pense nisso.

Rudolph Giuliani fala sobre liderança

Rudolph Giuliani era o prefeito de Nova Iorque quando ocorreram os ataques terroristas de 11 de setembro de 2001. Como prefeito, ele combateu duramente a criminalidade com seu programa *Tolerância zero*, reduzindo pela metade os crimes naquela cidade. São tantos os feitos de Giuliani que ele é apontado com um dos maiores líderes mundiais.

No dia 09 de novembro de 2005, tive a rara oportunidade de assistir um seminário da HSM para executivos. Ele falou, sobre as sete coisas que um líder deve possuir:

1. *Um líder deve saber exatamente onde quer chegar*. Ele precisa ter uma "visão" clara de seus objetivos e não modificar essa visão a todo o momento.
2. *Um líder deve ser um otimista*. Ninguém seguirá um pessimista. Ele deve desen-volver uma visão positiva dos problemas e oferecer soluções éticas a eles.
3. *Um líder deve ser corajoso*. Coragem, explica ele, não é ausência de medo, mas sim a habilidade de controlar o medo e enfrentá-lo. Ninguém pode ter coragem sem ter medo. O líder é capaz de dominar o medo.
4. *Um líder deve ser alguém preparado*. Ele deve preparar-se até para as piores situações. Ele não se cansa de treinar, aprender, aperfeiçoar-se no que faz e no que deve saber.
5. *Um líder deve saber trabalhar em equipe, em times e em grupos*. Ninguém é líder pelo próprio esforço, mas sim pelo esforço de um grupo de liderados. Ele deve avaliar seus pontos fortes e frágeis e juntar-se a pessoas que o complementem.
6. *Um líder deve ser um bom comunicador*. Assim, suas idéias poderão contagiar os outros.
7. E, finalmente, um líder deve *amar as pessoas, preocupar-se com elas* e *tratá-las como seres humanos* que merecem todo respeito.

Pense nestes sete atributos de um líder segundo um dos maiores líderes da atualidade. Leia e releia cada um destes itens e faça uma auto-avaliação de sua própria liderança. Pense nisso.

A CORAGEM
PARA FAZER O QUE TIVER QUE SER FEITO

Há certas decisões que uma pessoa ou empresa precisa tomar, que não podem esperar. Quando se espera, mais complicada ficará a situação e mais complexo se tornará o problema. Tomar decisões nem sempre é fácil. Partir para a ação, ou melhor, implementar a decisão tomada é, muitas vezes, ainda mais difícil... Vejo pessoas e empresas que ficam adiando uma decisão, mesmo sabendo que não haverá outra para o problema. Enganam a si próprias, dando mais uma chance e o problema só aumenta.

Conheço pessoas e empresas que já tomaram a decisão correta, mas não têm a coragem de implementá-la. *"A decisão está tomada"*, disse-me um empresário. *"Estou apenas esperando a oportunidade certa para implementá-la"*, explicou. (Quem conhecia o problema sabia muito bem que o empresário estava simplesmente adiando o que deveria, de fato, fazer imediatamente.)

Em algumas situações, o ideal é esperar a melhor oportunidade para implementar uma decisão. Mas, quando o objetivo é resolver um problema, nem sempre essa é a verdade. Cabe a cada um refletir com muito cuidado sobre o momento certo de agir, lembrando que a demora pode induzi-lo a postergar o que deveria ser feito de imediato.

Assim, quando você tiver um problema, enfrente-o. Por mais difícil que seja a situação e a posição das pessoas envolvidas, enfrente essa realidade com humanidade e respeito, mas enfrente-a. Se você for deixando tudo para depois, os seus problemas ficarão de um tamanho insuportável e você não conseguirá resolvê-los jamais.

Analise como você encara os problemas. Você os enfrenta de pronto ou deixa sempre para "uma melhor oportunidade"?

Enfrentar os problemas de frente e encarar a dura realidade de resolvê-los, muitas vezes com o sacrifício de algumas coisas ou pessoas, é o caminho certo para o sucesso pessoal e empresarial. Pense nisso.

Os soldados de Napoleão

Dizem que Napoleão Bonaparte classificava seus soldados em quatro tipos: os inteligentes com iniciativa, os inteligentes sem iniciativa, os ignorantes sem iniciativa e os ignorantes com iniciativa. Os inteligentes com iniciativa eram os comandantes gerais, estrategistas. Os inteligentes sem iniciativa eram os oficiais superiores que recebiam ordens e as cumpriam com diligência. Os ignorantes sem iniciativa eram colocados à frente da batalha – buchas de canhão, como dizemos. Napoleão odiava os ignorantes com iniciativa e não os aceitava em seus exércitos.

Essa grande sabedoria de Napoleão serve também para a nossa empresa. Será que também não temos em nosso "exército napoleônico" esses três tipos de "soldados"? E não serão todos necessários? Pense bem. Um exército só de generais estrategistas por certo não vencerá batalha alguma. Alguém precisa estar no *front*. Obedientes oficiais (diretores, gerentes) sem estratégia, também não vencem uma guerra. Soldados (funcionários) dedicados, sem comando, sem chefia, sem direcionamento, também não trazem sucesso à batalha.

Assim, precisamos dos três tipos de soldados para vencer uma batalha, assim como precisamos dos três tipos de colaboradores para que possamos vencer os desafios do mercado competitivo em que vivemos.

Mas, como Napoleão, também nós devemos ficar livres, o mais rapidamente possível, dos ignorantes com iniciativa. Eles são capazes de fazer besteiras enormes. O ignorante com iniciativa faz, fala e ouve o que não deve. Ele nos faz perder bons clientes e bons fornecedores. Ele produz itens sem qualidade, porque resolveu alterar os processos definidos.

Um ignorante com iniciativa é, portanto, um grande risco. Não precisamos dele. Nem Napoleão os queria. Pense nisso.

As três perguntas de Robert Wong

Robert Wong é um dos maiores consultores brasileiros. *Headhunter* (caçador de talentos) de reputação internacional, explicou que sempre faz, a si mesmo, três perguntas antes de contratar alguém: "*Eu compraria um carro usado dessa pessoa? Eu levaria essa pessoa para jantar em minha casa com minha família? Se eu ficasse preso com essa pessoa dentro de um elevador quebrado, durante três horas, o que eu conversaria com ela?*

Com sua sabedoria oriental (Bob é chinês), ele mostrou que essas três perguntas respondem o nível de confiança e empatia com aquela pessoa. Eu e meu filho já empresário (que estava comigo no almoço) ficamos pensando na profundidade e na singeleza dessas questões de Bob Wong. Você jamais compraria um carro usado de uma pessoa desonesta. Da mesma forma, ninguém convidaria uma pessoa com quem não tivesse um mínimo de afinidade para almoçar em sua casa com sua família. E ficar preso num elevador com um chato deve ser a pior coisa do mundo!

Assim, com três simples perguntas e com base na milenar sabedoria chinesa, Robert Wong nos deu uma aula de seleção de pessoal. E ele não precisou mais do que cinco minutos para nos ensinar.

Será que as coisas mais complexas da vida, na verdade,
não podem ser resolvidas com três simples perguntas?
Será que uma pessoa em quem você realmente confie
não é o primeiro passo para uma seleção correta?
Será que nós não nos impressionamos demais com
belos currículos e nos esquecemos de olhar
a pessoa por trás de tantos títulos?

Reflita sobre estas três perguntas e escolha, entre as pessoas que já trabalham com você, de quem você compraria um carro usado, quem você convidaria para jantar com sua família e com quem não se incomodaria de ficar preso num elevador.

Pense nisso.

O chefe deve ser culpado pelo erro de um subordinado?

Muitas pessoas têm me feito essa pergunta. É importante ressaltar que desde o século V, São Bento, quando escreveu sua regra para a vida e a administração de uma comunidade monástica, já discutia este tema. Não se trata, portanto, de uma discussão simples ou fácil.

Alguns pensadores afirmam que se um chefe dá a seu subordinado uma delegação ou autoridade para resolver problemas específicos de sua área, cabe a ele, subordinado, responder por seus erros. Estes pensadores dizem que quando erra, o subordinado, na verdade, não faz bom uso de uma delegação de confiança dada por seu chefe e cabe somente a ele, subordinado, responder pelo erro.

Há outra corrente que afirma ser o chefe o responsável. Dizem isso com base no conceito de que o subordinado foi por ele – chefe – escolhido ou mantido na função. Tendo o chefe o poder de dispensar ou substituir seus subordinados, ele (chefe) não pode fugir da responsabilidade pelos erros cometidos pelos subordinados. Em última instância, o chefe, portanto, é o culpado e deve responder plenamente pelo erro de seus subordinados.

Há ainda uma terceira corrente afirmando que

a atribuição da culpa depende das circunstâncias e da gravidade do erro. Esses pensadores dizem que haverá sempre funções e atos que são "indelegáveis" por um chefe, mesmo que a responsabilidade imediata de fazer ou agir esteja a cargo de um subordinado.

São as funções e ações que envolvem a essência do negócio ou da empresa. São atividades e funções que afetam diretamente a sobrevivência da atividade. Assim, não é permitido a um chefe (proprietário, presidente, diretor, gerente ou supervisor) não se envolver e não estar totalmente ciente das atividades essenciais em relação a clientes, fornecedores, qualidade e, como conseqüência, tudo o que possa afetar a sua marca junto ao mercado. Nesses casos essenciais (e só nos essenciais) a culpa deve ser atribuída ao chefe. Esta corrente parece ser a mais coerente.

Assim, se você tem um cargo ou função de chefia, procure ter sempre em mente o que seja essencial para o seu negócio e tome cuidado para não delegar o indelegável, porque você não terá como se desculpar pelos erros de seus subordinados.

E lembre-se: o compromisso com a qualidade,
com a ética, a honestidade
e tudo o que afete a construção da sua marca
são indelegáveis.
Pense nisso.

Falsidade S.A.

A palavra falsidade vem do latim – *falsitate* ou *falsu* – que segundo o dicionário etimológico de Antenor Nascentes significa enganado, enganador. Outros dicionários mostram outros significados: "qualidade do que é falso, corrupção da verdade, mentira, aleive, calúnia, perfídia, duplicidade e hipocrisia".

Com *"Falsidade S.A."* quero comentar a falsidade na empresa, na repartição pública, enfim, no ambiente de trabalho em geral. Fico impressionado com o grande número de mensagens que recebo de leitores e telespectadores relatando casos, exemplos e situações de total falsidade entre colegas, chefes e subordinados, patrões e empregados.

Acredito que um dos grandes causadores do estresse e da desmotivação no trabalho seja a falsidade, a mentira, a calúnia, a perfídia e a hipocrisia. João fala mal de Antônio, que rouba idéias de Alice, que segura informações de Joana, que escondeu o papel de Ricardo, que não avisou Joaquim e que fala que Lúcia tem um caso com o chefe... Este parece ser o clima da empresa Falsidade S.A.

Enquanto isso a concorrência aumenta, os clientes reclamam, os produtos perdem a qualidade, os serviços atrasam e todos falam mal da empresa. A verdade é que todos perdem na Falsidade S.A. Funcionários vivem estressados e de mau humor. Clientes e fornecedores insatisfeitos. Se ninguém ganha, é preciso mudar. E só quem trabalha nesta empresa pode realizar a mudança.

É preciso que os próprios funcionários decidam criar um ambiente de verdade, honestidade, e comecem a discutir, de forma clara e objetiva, como propiciar esta mudança. Pense nisso.

Será nossa empresa tão ruim?

Sem muita consciência da realidade, das dificuldades, da pressão por custos, dos efeitos da globalização nos mercados, muitos colaboradores começam a desenvolver uma impressão – que com o tempo e a repetição passa a se tornar, para eles, uma quase-verdade – de que trabalham na pior empresa do mundo, que têm o pior salário do mundo, e que tudo na empresa é muito ruim (da comida ao uniforme).

É claro que deve haver situações salariais negativas. É claro que haverá empresas em que a alimentação e o uniforme são ruins. Mas será essa a realidade da grande maioria? Será essa a realidade da nossa empresa? Além disso, é preciso que sejamos lógicos e respondamos às questões: melhor ou pior em relação a qual empresa? Melhor ou pior comparado a qual? Melhor ou pior do que qual comida ou uniforme?

Ao questionarmos, descobrimos que estamos comparando situações e realidades diferentes. Muitas vezes estamos fazendo comparações sem conhecimento de causa. E, muitas vezes, estamos reclamando pelo simples prazer e até pela simples existência da possibilidade de reclamar. Essa atitude de uma parte dos colaboradores pode desestimular a melhoria nas empresas.

Não estou fazendo uma defesa injustificada dos patrões e das empresas. É preciso fazer uma justa avaliação, contabilizando todos os fatores que compõem a realidade e não apenas uma visão ingênua e unilateral. Faça uma análise fria, sensata e equilibrada de suas condições de trabalho e de seu emprego. Será que você realmente está no inferno que diz estar?

Será que você não está acreditando em uma mentira e achando que está no pior emprego do mundo, na pior empresa, com o pior salário e com a pior comida? Pense nisso.

Empregado ou patrão?

Confesso que ando preocupado com as correspondências que recebo de homens e mulheres, jovens e adultos que se acham fracassados na vida porque são empregados e não empresários. Acredito que em nossa sociedade paira uma noção de que se alguém é competente, inteligente, capaz, não pode ser empregado. Parece ter-se a idéia de que ser empregado é um demérito ou prova de falta de capacidade de empreender. Nada mais falso!

Ser empresário, ser patrão, abrir um negócio próprio é uma opção. E não necessariamente a opção mais correta que uma pessoa deva tomar. Um indivíduo que optou por ser empregado pode ter mais sucesso do que se tivesse optado por ser empresário. Conheço um número incrível de empresários fracassados, assim como conheço inúmeros empregados de enorme sucesso pessoal e profissional.

Muitos empregados não se dedicam como poderiam porque estão sempre pensando em ser patrões. Muitas pessoas acham-se diminuídas por trabalhar para alguém ou para uma empresa pequena ou média com a falsa idéia de estar colocando o seu talento a serviço da riqueza alheia.

Conheço empresários que sentem saudades do tempo em que eram considerados empregados competentes e tinham o reconhecimento de seus patrões e hoje questionam a decisão de ter aberto um negócio próprio.

Um funcionário competente, compromissado,
que faz tudo detalhadamente bem-feito
e que termina o que começa, tem hoje um valor
imensurável no mercado de trabalho.
Para ele nunca haverá desemprego por muito tempo
e todo empresário sonhará em tê-lo como colaborador.

Assim, ser empresário não é sinônimo de sucesso, bem como ser empregado não é ter título de fracassado. Cada um deve fazer a sua opção de trabalho com visão de longo prazo e de acordo com seus valores pessoais e objetivos de vida. É muito mais louvável ser um bom empregado do que um empresário medíocre. A cada dia que passa as empresas tornam-se mais dependentes de bons empregados...

Por outro lado, bons empregados nunca dependem
de maus empregadores. Pense nisso.

Reintegre os velhos colaboradores

"Velho" aqui é no sentido carinhoso da palavra. É aquele colaborador, homem ou mulher, que está conosco há algum tempo, muitas vezes esquecido até por ser muito competente no que faz. Ele não faz alarde. Não quer aparecer. Será que não é hora de "reintegrar" esse nosso velho colaborador?

Reintegrar é chamá-lo, novamente, para um programa semelhante ao que fazemos quando um novo colaborador é selecionado e começa a trabalhar. Lembrá-lo quem somos, onde estamos no mundo dos negócios, quais os nossos principais produtos, planos para o futuro e quem são nossos principais clientes e fornecedores. Ou melhor, reintegrá-lo em nossa empresa, em nossas crenças e valores, em nossos princípios éticos e de governança corporativa.

O mundo muda muito rapidamente.
A evolução científica e tecnológica
pode fazer com que mesmo as pessoas
que trabalham há anos conosco não acompanhem
a evolução de nossa própria empresa.
É preciso dar atenção àqueles companheiros antigos
para que não se fossilizem por nossa própria culpa.

Programas de visita a novas instalações, a feiras e exposições, palestras internas fora dos grandes congressos e convenções de vendas são fundamentais para que todos os colaboradores (sem exceção) se sintam realmente integrados aos objetivos da empresa.

Vale a pena reintegrar
seus velhos e bons colaboradores.
Pense nisso.

Você também é responsável

João reclamava muito de sua empresa e de seu emprego. Ele não poupava as críticas: dizia que as pessoas não colaboravam, não participavam, que os diretores não comunicavam as novidades a seus subordinados. Maria falava mal de todo o mundo com quem trabalhava. Reclamava dos banheiros sujos e dizia que as pessoas eram mal-educadas e mal cumprimentavam as outras quando chegavam.

Quando conversei com João e Maria, percebi que os dois não se sentiam responsáveis pela empresa. Eles esperavam que as coisas acontecessem, mas nada ou pouco faziam para mudar essa realidade. João não participava de nada: nem de grupos de qualidade, nem de comemorações ou pequenas festas que a empresa promovia. João era supervisor e seus subordinados reclamavam que ele pouco comunicava as decisões da empresa. Maria chegava ao trabalho e mal cumprimentava seus colegas. Quando tomava café na pequena copa do seu departamento, não lavava suas xícaras, deixando-as sujas sobre a pia.

O que quero comentar é que muitas vezes reclamamos das condições de nossa empresa ou de nosso trabalho e nada (ou pouco) fazemos para modificar essa realidade. Pelo contrário. A desculpa é a de que, se ninguém faz, por que eu farei? Se ninguém cumprimenta seus colegas, por que eu irei cumprimentar?

Devemos lembrar que somos responsáveis e respondemos solidariamente pelo ambiente e pelo clima da empresa em que trabalhamos. Mudar nosso comportamento é uma forma de fazer outras pessoas também agirem assim. Sinta-se responsável pela mudança.

Mude você primeiro e então verá que muitos mudarão com você. Pense nisso.

"Não vendi minha alma para a empresa em que trabalho"

Ele falava "gatos e sapatos", horrores detalhados da empresa em que trabalhava. Ninguém prestava. Os produtos eram ruins, as pessoas falsas e tudo de nefasto que o mundo poderia produzir estava em seu emprego. Quando todos da rodinha ficaram espantados com esse comportamento ele emendou: *"Falo mal mesmo, porque não vendi minha alma para a empresa em que trabalho"*. E continuou: *"O fato de eu trabalhar lá não tem nada a ver sobre o que eu penso das pessoas e dos produtos da empresa. É apenas o meu ganha-pão"*.

Conheço muitas pessoas assim.
Elas falam mal de seus empregos,
de seus empregadores, de seus colegas de trabalho,
dos produtos que ajudam a fabricar
e dos serviços que prestam.
Estas pessoas dizem não terem vendido
sua alma para a empresa em que trabalham
e que, portanto, "só trabalham ali".

Será que essas pessoas estão certas? Será que elas podem falar mal de tudo e de todos em sua empresa? A pergunta mais profunda é se elas devem ter essa atitude, pois nem tudo o que podemos fazer, devemos fazer. Poder é uma coisa, fazer é outra. E por que elas não deveriam falar o que sentem?

A razão é muito simples. Uma empresa é uma comunidade de trabalho. Todos os membros dessa comunidade são, na teoria e na prática, responsáveis – isto é, "respondem" – por essa comunidade, por suas ações, por seus produtos e serviços. Se uma pessoa tem o repetido comportamento de falar mal de sua própria comunidade é porque ela não se sente membro dessa comunidade. Se ela discorda de tudo e de todos e sente até vergonha de estar naquele meio, realmente ela não se sente membro daquela comunidade.

Quando a situação é essa, só há dois caminhos: ou a pessoa tenta mudar a sua comunidade e seus membros ou deve deixar essa comunidade, buscando outra com a qual se identifique e sinta orgulho em participar. Uma pessoa que não toma um desses caminhos, e opta permanecer na comunidade como um membro alheio a ela, não está politicamente correta.

Pensando assim, você não precisa "vender a sua alma" para sua empresa ou para seu emprego. Mas lembre-se que participar de uma comunidade traz exigências morais e éticas das quais você não pode esquecer. E a empresa nada mais é do que uma comunidade de trabalho.

Veja se você tem esse hábito de falar mal de sua empresa, de seus colegas, de seus chefes e de seus subordinados. Mude esse hábito.

Faça alguma coisa para mudar a realidade
de sua empresa e, se você perceber que essa mudança
é impossível e você não concorda com
os rumos atuais, tenha a coragem de sair
e buscar outra comunidade,
onde suas idéias sejam aceitas.
Pense nisso.

Arrogância S.A.

Para muitas empresas, o mercado e os clientes têm o privilégio de comprar seus produtos ou serviços e elas (as empresas) fazem um enorme favor em fornecê-los... Estas empresas são tachadas de arrogantes e, acreditando serem as melhores, atendem mal, não cumprem prazos, demoram em prestar informações e acham que toda reclamação dos clientes é impertinente.

As pessoas que trabalham na *Arrogância S.A.* também são igualmente arrogantes, soberbas, metidas e pensam ter um "rei na barriga". Tratam clientes e fornecedores como se deles jamais precisassem.

O orgulho que possuem de suas marcas é tão grande que elas sentem um profundo desprezo pelos concorrentes, sempre considerados sem qualidade e em estado pré-falimentar.

As empresas do tipo *Arrogância S.A.* não têm futuro. Os clientes, mais cedo ou mais tarde, perderão a paciência e buscarão outros fornecedores e elas (as arrogantes) só perceberão isso depois de muito tempo, quando estiverem próximas do fim. São tão arrogantes que acreditarão que os clientes vão voltar. E aí, culparão o mercado, os clientes, os fornecedores, a imprensa e o governo. Elas continuarão cegas para a verdade de que a sua própria arrogância as matou.

Você conhece a Arrogância S.A.?
Pense nisso.

A importância de medir

Aprender a medir, acostumar-se a medir, é fundamental para o sucesso. Quando um fenômeno qualquer é corretamente medido, é sempre mais fácil tomar decisões a respeito dele. No Brasil somos muito carentes de dados. Não temos o hábito, muito comum nos países europeus e mesmo nos EUA, de medir quase tudo. Sem termos a exata medida de um problema, dificilmente desenvolveremos ações eficazes para sua solução. Medir é, pois, um grande facilitador da ação.

Todas as ciências têm como base o ato de medir. Um médico, antes de receitar, pede exames laboratoriais que dirão a ele exatamente qual a necessidade do paciente. Um engenheiro agrônomo faz a análise laboratorial do solo para definir que corretivos deverá aplicar para aumentar a colheita. Se eu souber exatamente quantas pessoas irão a um casamento, poderei preparar uma festa adequada ao número de convidados. Se eu não souber, terei que ficar na expectativa de que os doces sejam suficientes para todos. E o resultado será sempre "sobrar muito" ou "faltar muito".

É sempre alto o preço de não se ter o hábito de medir. Quando trabalho sem dados, tenho que tomar decisões empíricas. "Vou fazer isso porque 'acho' que esse é o problema", *dizem os que não se baseiam em medidas certas para tomar decisões. Esse "achismo" não faz nada bem.*

Sem medir, ficamos à mercê de nossos preconceitos e modelos mentais que podem estar ultrapassados. É preciso adquirir o hábito de medir. Quando alguém disser "são muitos clientes", pergunte qual o número exato de clientes. Quando falar sobre uma encomenda "muito grande", pergunte exatamente quantos itens fazem parte desta encomenda. Quando argumentarem: *"Todo o mundo disse"*, pergunte exatamente quantas pessoas falaram sobre aquele assunto.

Trabalhando com dados e medidas, você passará a ter maior domínio sobre a realidade. Ao adquirir o hábito de medir, a pessoa também passará a exigir dados e medidas das coisas que lhe são ditas e aumentará assim a sua consciência cidadã. Como conseqüência, será menos iludida pelos que falam sem apresentar dados, sem medir. Faça isso em sua empresa.

Acostume-se a medir e a exigir dados exatos sobre os problemas e verá que a solução ficará sempre mais fácil. Pense nisso.

O que eu deveria saber e não sei?

Há certas coisas que ouvimos falar desde criança. Passamos toda a juventude ouvindo e quando chegamos à idade adulta ainda as ouvimos. São lugares, palavras, frases feitas, ditos célebres e expressões antigas que permanecem em nossa memória de forma nebulosa. Nunca procuramos saber o que querem dizer, de onde vieram, como surgiram e por que nossos parentes mais velhos falavam aquilo. Muitas vezes morremos sem saber o significado destas coisas simples que fazem ou fizeram parte de nossa vida.

De onde surgiram os "dragões"? E as múmias?
Saturno era um deus? De onde?
Onde fica mesmo a Islândia?
Como são os aborígines australianos?
E qual a sua importância?
Onde nasce o rio Amazonas? E o Mississipi?
De que são formados os vulcões?
Para que serve mesmo a raiz quadrada?
O que foram as glaciações?
Quando começou a era moderna? Por quê?
Por que os castelos eram ditos mal-assombrados?

Fiz a meus alunos estas e outras perguntas. Todos já haviam ouvido falar de tudo isso, mas poucos sabiam seu significado. Eles confessaram que essas e outras muitas pequenas dúvidas os atormentavam, mas nunca se deram ao trabalho de buscar a solução. Você é curioso o bastante para ir atrás das respostas às pequenas dúvidas (pessoais e até mesmo de sua empresa)?

Você sabe tudo o que deveria saber sobre os produtos que comercializa, como são fabricados e quais as principais características do mercado consumidor? Pense nisso.

O desafio
de trabalhar com quem não gostamos

Um dos maiores desafios do mundo do trabalho é aprender a conviver com pessoas com as quais não simpatizamos. Há casos em que nossa antipatia é pequena e suportável. Mas há casos em que é difícil suportar. Para enfrentar esse desafio é preciso ser muito racional e menos emocional no trabalho. Devo compreender que, se não tenho o poder de despedir ou transferir aquela pessoa que me causa mal-estar, o caminho mais racional é conviver com ela, ao invés de medir forças o tempo todo.

É preciso lembrar de que não é preciso gostar de alguém para trabalhar com esse alguém.
Também não posso exigir que todas as pessoas gostem de mim.
Temos o direito de nos relacionar com outra pessoa, independentemente dessa outra pessoa gostar ou não de se relacionar conosco.

Por certo você não irá convidar essa pessoa de quem não gosta para um churrasco em sua casa, mas deve relacionar-se com ela no trabalho de forma racional e até agradável, sem deixar o seu juízo emocional tomar conta de você. Ser racional significa não fazer e nem ter medo de caras feias, olhares tortos e indiretas e adotar uma atitude puramente profissional, tratando dos assuntos que devam ser tratados e, até mesmo, dizer: *"Sinto que nós dois (ou nós duas) não temos muita simpatia um(a) pelo(a) outro(a), mas temos que resolver esta questão de trabalho"*. E tratar, com toda a racionalidade, o que tiver que ser tratado.

Pense se você não está deixando que suas simpatias ou antipatias pessoais, por esta ou aquela pessoa, interfiram demais no seu desempenho profissional.

Analise quantas vezes você se deixou dominar pela emoção em vez de usar a razão.
Pense nisso.

Vender é todo dia começar do zero: como viver motivado para vender?

Vender é começar todo dia do zero. Não há nenhuma profissão em que isso seja mais forte. A venda que você fez ontem já se foi, ela é um sucesso passado. Você tem que começar do zero todos os dias, todas as semanas, todos os meses, todos os anos. Essa é a realidade de um vendedor e, para vencer esse enorme desafio, todo vendedor precisa ter uma grande força interior para viver motivado.

Vender é como caçar e pescar para os primitivos. Nós, antropólogos, quando analisamos uma caçada primitiva, tiramos grandes lições para a vida moderna. A seguir vou contar uma história que, acredito, servirá muito para um profissional de vendas, porque a profissão de vendedor é muito solitária e depende muito de autocontrole e automotivação.

Um vendedor deve acordar com tudo absolutamente planejado para aquele dia. É fundamental que na noite anterior, antes de dormir, o vendedor planeje suas vendas do dia seguinte. Ele tem que acordar com a imagem do cliente na mente. Um bom vendedor deixa que o seu subconsciente trabalhe a sua venda do dia seguinte, enquanto dorme, durante a noite.

Aqui vai a história que eu queria contar. Na noite anterior à caçada, os primitivos fazem uma dança. Metade do grupo que vai caçar no dia seguinte faz o papel da caça – isto é, imita o animal que será caçado. A outra metade faz o papel dos caçadores. Na dança, os que fazem o papel dos caçadores aprisionam a caça. Em seguida, eles desenham nas cavernas o animal que caçaram (na dança, é claro). São as chamadas pinturas rupestres. Depois da pintura, eles dançam ainda mais, comemorando a caçada. Em seguida, vão dormir. No dia seguinte (o dia da caça real), eles acreditam que vão apanhar o animal que já caçaram. Essa dança, na verdade, é um treinamento. Imitar o animal é um treinamento, assim como imitar o caçador é um treinamento e planejamento para a caçada. No dia seguinte, os caçadores levantam felizes, porque vão apenas apanhar o animal que já caçaram. É nisso que eles acreditam. Então, não há tensão nem ansiedade.

Você que trabalha em vendas pode fazer esse tipo de exercício na noite anterior. Você pega a relação das visitas que irá fazer no dia seguinte, analisa cada um desses clientes, pensa quem são eles, o que eles fazem, do que eles gostam, quem os influencia e como eles tomam decisões. Com este treinamento, você terá a venda do dia seguinte quase feita.

Lembre-se que vender é saber fazer bons relacionamentos. É prestar atenção para estar nos lugares certos, nas horas certas e com as pessoas certas. E todo bom profissional de vendas sabe que não pode perder uma chance sequer para conquistar e manter clientes. Ele "trabalha" vinte e quatro horas por dia, literalmente, pois até dormindo deve planejar o seu sucesso – não estou exagerando, não: durante a noite ele deve estar com o subconsciente preparando as suas vendas; durante o dia, ele deve estar pesquisando e buscando oportunidades de contato, de conhecimento.

Os maiores vendedores do mundo não se preocupam muito em vender, mas sim em relacionar-se bem, em conhecer pessoas. Eles sabem que vender é mais cérebro do que músculos. Ou seja, vender é informação. Vai ser capaz de vender para mim, quem souber o que quero, como quero, onde quero, de que maneira quero, como posso pagar e de que maneira gostaria de receber o produto. Os melhores vendedores fazem o dever de casa, ou melhor, estudam nossos produtos e nossos clientes, antes de uma entrevista de vendas.

E se vender é começar todo dia do zero, você precisa ter uma força interior muito grande, domínio de vontade e disciplina. Disciplina é a palavra mágica! O vendedor, principalmente aquele que vai à rua em busca do cliente, aquele que não é balconista, aquele que vai ao mercado, tem muita chance de enganar a si próprio. Ele tem muitas oportunidades de parar num bar, de visitar um cliente que ele sabe que está viajando, enfim, de perder o seu precioso tempo.

E para o vendedor não há valor maior do que o tempo. Se há alguma profissão em que o tempo seja dinheiro, essa profissão é a profissão de vendas, porque cada minuto é um momento de oportunidade, de realização de um negócio, de conhecimento de uma pessoa, de indicação de um terceiro e se você não tiver disciplina para administrar seu tempo, você começa no zero e termina no zero.

Disciplina significa fazer as coisas na hora certa, no momento certo, apesar do desejo imenso, da vontade que nos chama para fazer uma coisa diferente. Quase sempre temos muitas opções na vida, muitas oportunidades. Mas, para vencer eu tenho que saber onde quero ir, o que quero conseguir, e manter o foco e empregar energia no que realmente desejo.

Além de aprender todos os dias, o vendedor precisa usar a inteligência, dominar a vontade e ter determinação. Precisa, também, fazer a lição de casa, ou melhor, conhecer os produtos com os quais trabalha. Não conhecer superficialmente, mas com profundidade, perguntando a si mesmo, para o seu supervisor, para seu gerente. Pesquisando a quem aquele produto é mais útil e como é utilizado.

Examine os atuais clientes que compram seu produto, telefone a eles perguntando o uso que fazem, para que você passe a entender o seu mercado melhor. Ao compreender o seu mercado, escolha aqueles clientes que mais se adaptam ao seu produto. Em seguida, estude aquele cliente que você irá visitar: quem é ele, do que ele gosta, o que ele quer, como ele quer, quando ele quer, quem influencia a vida dele, como é o negócio em que ele atua, qual o porte e a localização. Enfim, adapte o seu produto à realidade dele e vá com a "venda feita".

Surpreenda o cliente com tudo aquilo que você sabe do produto, do negócio, do ramo, do setor e dele (cliente) especificamente. Daí você vai antecipar um desejo do seu cliente e se transformar em um *solution provider*, ou seja, um provedor de soluções.

Tenha certeza de que você só vencerá à medida que se preparar, planejar não só sua venda, mas planejar você mesmo para ser um profissional de vendas de sucesso.

Utilize todos os mecanismos de conhecimento, de sabedoria, para poder enfrentar esse desafio de começar do zero todos os dias. Pense nisso.

A ANSIEDADE

MATOU A VENDA

Muitas vezes, pelo excesso de ansiedade, desejo ou necessidade de vender você acaba matando a venda, você não dá liberdade e não facilita a decisão do cliente. A ansiedade de ganhar aquela comissão faz você olhar para o cliente e ver um cifrão: *"Meu Deus, esse sujeito precisa comprar. Se ele comprar, eu pago a prestação da minha casa. E se ele não comprar, o que farei? Eu tenho que fazer ele comprar..."* Aí você perde a venda, porque você não está preocupado e nem centrado no seu cliente, você está focado em você, você está focado no bolso dele, e não na mente ou no coração dele. Acredite, isso pode parecer bobagem, mas o vendedor muito ansioso acaba perdendo a venda.

Observei alguns vendedores em um balcão de loja. Todos eram comissionados por vendas individuais. O que eu assisti? O vendedor está aqui vendendo para uma pessoa. De repente, chega uma segunda pessoa. Há outros vendedores para atender o outro cliente. Mas este primeiro vendedor, que está atendendo aquela primeira pessoa, com medo de perder a comissão daquele que acabou de chegar, fala para a segunda pessoa:
"Um momentinho, que eu já atendo o senhor, só um minutinho".

E, então, ele começou a pressionar para que o primeiro cliente fosse rápido nas decisões, para poder atender o segundo. Aí entrou na loja uma terceira pessoa. Ele ficou quase desesperado. Ficava olhando para os três e dizendo: *"Um momento, já atendo vocês"*. Ele queria ganhar a comissão dos três clientes. O que aconteceu? Ele não vendeu para nenhum dos três! Ele não ouvia mais o que o primeiro cliente dizia, ele não estava centrado naquela pessoa e sim nas outras. Quando um quarto cliente entrou na loja, vi, nos olhos do vendedor, uma desesperança, pois ele parecia saber que não venderia para nem um dos quatro, o que, de fato, aconteceu.

Certa vez, fui a uma concessionária de automóvel comprar uma peça. Eu estava no balcão falando com o vendedor, tocou o telefone e ele, ansioso, não prestou mais atenção no que eu estava falando. Ele olhava para o telefone e voltava a falar comigo. Eu começava a falar, tocava o telefone. Ele não agüentou. Pediu desculpas e foi atender ao telefone. Isso aconteceu três vezes. Quando eu ia dizer o que queria, o telefone tocava, ele pedia desculpas e atendia ao telefone.

Diante daquela situação, não tive dúvidas. Fui até a recepção ao lado e perguntei qual era o ramal do setor de peças. Pedi licença e liguei. Aquele mesmo vendedor atendeu imediatamente ao telefone. Perguntei se ele tinha a tal peça e ele respondeu que sim. Pedi para ele reservar que eu iria imediatamente buscá-la. Um minuto depois, eu estava em frente ao balcão e ele falou: *"Não era o senhor que estava aqui?"* Eu disse: *"Era, só que eu fui telefonar, porque o senhor só atende ao telefone, não atende quem vem aqui pessoalmente"*.

Perceba a incoerência: eu saí de casa, no calor, peguei o carro, dirigi até o local e o vendedor atende primeiro a pessoa que telefonou? É a ansiedade do vendedor, que não o deixa atender bem... *"E se a outra venda for maior do que esta?"*, pensa o ansioso vendedor, acreditando que o cliente que vai ao balcão faz compras menores do que quem faz uma cotação por telefone.

Fui a uma loja querendo comprar um produto específico. Eu sabia exatamente o que queria. Quando pedi para ver o produto, o vendedor me mostrou tantos outros modelos, tantas variedades, ofereceu tantas coisas que eu não queria... Acabei ficando confuso e saí da loja sem comprar nada. Muitas colegas minhas reclamam desta postura: *"Professor, aquelas vendedoras sabem que tenho dinheiro. Por isso elas ficam tão ansiosas para vender coisas que eu não estou disposta a comprar, que acabo não comprando nada"*. E isso acontece muito. A ansiedade faz o vendedor pensar: *"Eu tenho que aproveitar esse cliente. Ele é rico, eu tenho que vender para ele"*.

Cuidado, a ansiedade é o medo de não vender, é o medo do futuro, medo do que possa acontecer.

Sempre me perguntam: *"Professor, quando entra alguém na minha loja, eu devo ficar ao lado dela oferecendo as coisas, ou devo deixá-la livre?"* Respondo que o correto é ter uma atitude equilibrada. Muitas lojas que conheço escalam um dos vendedores para ficar na entrada da loja fazendo o que eles chamam de "boas-vindas". Naquele determinado dia, ele fica na porta da loja, cada cliente que entra, ouve um: *"Seja bem-vindo! Sinta-se à vontade em nossa loja. Se precisar de alguma ajuda, não hesite em pedir a um de nossos vendedores ou à nossa gerente, Fulana. Se desejar, eu mesmo poderei encaminhá-la etc. Não se esqueça de visitar nossa seção tal, que está com descontos especiais nesta semana"*.

Veja que você atendeu, mas deixou a pessoa livre para conhecer sua loja e decidir. Mesmo quando sua loja não tem a pessoa de boas-vindas, o vendedor ou vendedora pode dizer: *"Meu nome é Fulano(a) e estou à sua disposição. Vou deixá-lo(a) à vontade, mas se precisar de alguma coisa, eu estou ali, ao seu dispor"*. Não fique seguindo a pessoa. Dê liberdade.

Há pessoas, no entanto, que gostam que você as oriente. E talvez queiram que você fique ao lado delas. O bom profissional de vendas deve ter sensibilidade para perceber quem gosta de uma coisa, quem gosta de outra e fazer aquilo que o cliente demanda. Esse equilíbrio entre o atendimento e a ansiedade é muito importante.

Pode parecer uma mentira, mas os grandes vendedores que eu conheci não tinham ansiedade. Um deles, de enorme sucesso, me disse: *"O meu segredo é não querer vender. Eu ponho na minha cabeça o seguinte: eu não quero vender para essa pessoa, o que eu quero é que ela conheça o meu produto e goste tanto do produto que queira comprá-lo... E com esse pensamento sinto-me totalmente calmo, sem ansiedade. Respondo a tudo que a pessoa me pergunta com a maior calma. Quando percebo que a pessoa não tem certeza, eu não insisto muito. Peço a ela para pensar melhor. Eu percebo que quando o cliente vê que não estou agredindo com minha insistência e ansiedade de vender, ele se desarma e compra de mim"*.

Uma das melhores maneiras de tirar a ansiedade é conhecer bem os produtos, o ramo de atuação, o seu setor e a sua empresa. Um dos fatores mais importantes para tirar a ansiedade na hora da venda é conhecer bem os seus clientes. Quanto mais informação você tiver sobre o cliente, o negócio e o produto, mais seguro você será. E quando você tem segurança do que faz, do que vende, do que sabe, você tem baixa ansiedade, você é uma pessoa segura.

Uma pessoa ansiosa é uma pessoa insegura.
A sua insegurança fica transparente pela ansiedade,
que a faz perder grandes oportunidades futuras.
Às vezes você está com um cliente que compra pouco.
Você pensa: "Estou perdendo tempo com este cliente!"
E você fica ansioso para se livrar dele.
Mas este cliente, multiplicado por muitos anos,
pode dar lucro para a sua empresa para o resto da vida.

Como a ansiedade gera tensão e a tensão gera ansiedade, você entra em um ciclo vicioso. Você se transforma em uma pessoa tensa, nervosa e aí não vende mesmo. E, quanto menos vende, mais ansiosa se torna, achando-se uma pessoa fracassada. Pense bem se boa parte do seu insucesso em vendas, ou do seu insucesso profissional não se deve à ansiedade, à pressa e ao nervosismo. Até na vida pessoal e na saúde a ansiedade é prejudicial. Veja a ansiedade ao comer, por exemplo. Um dos grandes segredos para emagrecer, dizem os modernos regimes, é você comer sem ansiedade. A ansiedade engorda, porque atrapalha o metabolismo.

Lembre-se que tudo que temos, compramos ou ganhamos está relacionado com "vendas". Se nós ganhamos algo, alguém comprou ou fez e, para fazer, comprou a matéria-prima para poder confeccionar nosso presente. Conversando com uma campeã de vendas de cosméticos, ela me confidenciou: *"Professor, é a profissão mais linda do mundo – eu vejo uma mulher já envelhecida e a transformo, usando os nossos produtos, em uma pessoa com auto-estima elevada. Vejo aquela pessoa com os cabelos quebradiços; de repente, eu mostro a ela um produto diferente e a vejo com a auto-estima elevada, mais feliz".*

Certa vez, escrevi que os vendedores devem ouvir com agressividade – ouça agressivamente, porque tem muita gente que fala agressivamente. O que eu quero dizer com ouça agressivamente é a capacidade de olhar nos olhos, no fundo dos olhos, ouvir a pessoa, saber penetrar em seu sentimento, em sua emoção. Não é só fazendo tipo, mas com sentimento de ouvir para poder aprender os desejos ocultos daquela pessoa. Conseguindo isso, você terá a sensação de missão de um vendedor, ou de uma vendedora.

O vendedor é aquela pessoa que através
dos meios de que dispõe, de ouvir, de estar disponível,
de servir, contribui para a felicidade de alguém.
Pense nisso.

A ARTE DE SABER PERGUNTAR EM VENDAS

Nem sempre uma pessoa é avaliada como inteligente pelas respostas que ela é capaz de dar, mas pela qualidade das perguntas que é capaz de fazer. Perguntar é fundamental. Você reconhece uma pessoa quando ela pergunta bem. E, em vendas, saber perguntar é fundamental. Tendo muitos concorrentes, com qualidade semelhante e preços similares, o vendedor tem que saber, exatamente, o que o cliente quer, não só para satisfazê-lo, mas, principalmente, para saber como surpreendê-lo e encantá-lo, indo além do que ele esperava que o vendedor fosse capaz de fazer por meio de seu produto ou serviço. Perguntando para saber o que o seu cliente realmente quer, você pode imaginar e criar momentos mágicos para ele.

O grande problema é que os vendedores, em sua maioria, são treinados a falar e não a ouvir. Eles querem expor os seus produtos ou serviços e não têm a disciplina e a habilidade de ouvir, e, principalmente, de perguntar. Perguntar em vendas é mais importante do que falar. Todo vendedor sabe que um produto não é um produto em si. É um meio para satisfazer uma necessidade do cliente. O vendedor de sucesso não pode só entender e saber tudo sobre os produtos que vende. Deve, também, saber quais as necessidades que poderão ser atendidas com o seu produto ou serviço. Além de satisfazer, ele deve antecipar as necessidades de seus clientes. E isso o vendedor só consegue fazer com perguntas certas.

Com perguntas inteligentes, o vendedor será capaz de desenhar a forma de apresentar o seu produto ou o seu serviço da maneira mais eficaz. Um vendedor de automóveis, por exemplo, não está vendendo um veículo ou uma simples condução para aquele cliente. (Todos os carros conduzem, todos os carros rodam...) Na verdade, um vendedor de automóvel está vendendo o prestígio, o *status* ou a funcionalidade embutidos naquele veículo. Ele está vendendo uma oportunidade para o cliente "publicar" para a sociedade a seguinte frase: *"Vejam como sou um sucesso"*. Por intermédio do carro, ele vai mostrar que venceu na vida e foi capaz de adquirir aquele veículo, sinônimo de *status*.

O vendedor de automóveis de sucesso, portanto,
deve perguntar para aquele cliente
o que o motiva na compra de um veículo e
quais as razões por trás da própria razão.
Descobrindo isso, o vendedor usará os argumentos e
as palavras certas para apontar no automóvel
as coisas que reforçam os motivos do cliente.

No caso da venda de uma casa ou de um apartamento, não adianta você querer vender o imóvel como se fosse um simples abrigo. Todas as casas e apartamentos abrigam. O comprador quer um apartamento naquela rua, por quê? Talvez porque ele queira estar perto de alguma pessoa que more lá também. Assim, você pode dar mil explicações, sobre outro apartamento muito melhor, mais barato e que fica a três quadras dali, mas não vai resolver o problema do cliente, que quer morar naquela rua.

Saiba que um vendedor não vende bens, mas vende sonhos, sonhos concretizados. Por isso, faça perguntas genuínas! Não faça perguntas que não tenham nenhuma correlação com a venda e compra. Com suas perguntas, não vá deixar o cliente com a sensação de estar sendo invadido em sua privacidade. Você tem que perguntar quantas pessoas moram com a família, se muitas outras pessoas freqüentam a casa, entre outras informações necessárias. Tudo depende da forma como se pergunta.

Veja alguns exemplos. Um cliente está com um problema na família. Talvez ele queira comprar um carro novo para desviar a atenção das brigas familiares e ter a desculpa de passear com sua mulher e seus filhos no final de semana em seu carro novo. Talvez ele queira comprar um apartamento na praia para ver se salva o seu casamento. Não é o apartamento na praia que ele realmente deseja. Ele quer realizar um antigo desejo de sua esposa. Talvez ele queira recuperar antigos amigos que perdeu e sente que, para isso, ele precisa de um bem ou de um serviço que você vende. Assim, se você souber perguntar, se você descobrir exatamente o que ele necessita – e nem sempre pode dizer – você estará não só vendendo alguma coisa, mas prestando um enorme serviço àquela pessoa.

Lembre-se, o tempo todo, que você, como vendedor, existe para realizar um sonho, para concretizar um ideal, para ajudar aquele cliente a atingir o que ele mais deseja. Mas, para que isso ocorra, você terá que descobrir qual é esse sonho. Ele não vai dizer a você.

Você terá que fazer essa descoberta por meio de perguntas inteligentes.
Esse é o grande segredo de grandes vendedores.
Pense nisso.

A ARTE DE "FECHAR" VENDAS

A fase mais importante de uma venda é seu fechamento ou finalização. Há vendedores que se apresentam bem e são peritos ao mostrar seus produtos ou serviços. Eles falam bem, sabem muito, mas não conseguem sair com o pedido assinado. Ou melhor, não conseguem concluir a venda.

É preciso que o vendedor escute com atenção. Ele tem que ouvir o que o cliente está falando e fazer perguntas para descobrir os "sinais de compra". Estes sinais são coisas que o cliente diz, involuntariamente, e o vendedor, pela sua experiência, sabe que o cliente já comprou. O momento certo é quando, na cabeça do comprador, deixaram de existir alguns obstáculos e ele passa a sinalizar para você a decisão de comprar.

Por exemplo, um cliente está vendo um apartamento para comprar e ele faz muitas perguntas ao vendedor. Mas você deve prestar atenção aos sinais de compra. Quando ele perguntar: *"Esta porta pode ser mudada daqui para ali"*, é porque ele já tomou a decisão de comprar. Ele não está mais fazendo objeções em relação à compra do apartamento. Ele já está querendo saber como mudar a porta! Quando a mulher pergunta se ali cabe determinada coisa ou se ela pode fazer uma mudança de cor é porque ela já decidiu comprar. É a hora certa de fechar a venda. Mas há vendedores que, desatentos aos sinais, "reabrem" a venda nessa hora.

Assim, fechar vendas é uma arte e uma técnica que nem todos os vendedores têm. Boa parte dos vendedores, em vez de fechar uma venda no momento certo, impede o cliente de comprar.

Certa vez, em uma imobiliária, o cliente adorou uma casa e o corretor, em vez de vender a casa que o cliente queria, dizia: *"Mas, o senhor não conhece as outras, nós temos uma outra melhor que essa"*, desviando a atenção do cliente para outra casa. E quando o cliente dizia: *"Esta outra é bonita mesmo, mas eu gostei muito daquela primeira"*, o vendedor não fechava o negócio e ainda mostrava outras casas. O que aconteceu foi que ele perdeu as "duas" vendas. Ele não vendeu porque colocou dúvidas na cabeça daquele comprador em relação ao imóvel que ele já queria!

Quando o vendedor coloca dúvidas na cabeça do cliente, ele não fecha a venda. Ele abre a venda. Por exemplo, quando a pessoa quer comprar um determinado carro e o vendedor diz: *"Se eu fosse o senhor eu não levaria o automático, o automático dá muito problema"*. Mas o sonho do cliente é ter um carro automático e o vendedor vai dizer que o automático dá muito problema! *"Mas, dá problema por quê?"*, pergunta o cliente. *"Não, só estou falando, porque eu não gosto de carro automático"*, diz o vendedor. Perceba a situação patética. O vendedor tem todo o direito de não gostar de carro automático. Assim como seu cliente tem todo o direito de gostar e querer um automático!

Todo vendedor precisa entender que é muito difícil uma pessoa comum dizer a um vendedor: "Eu quero comprar este. O senhor fique quieto e pare de me amolar que é este que eu quero". *Geralmente o cliente fica ansioso na frente do vendedor e se o vendedor não conseguir perceber aquele sinal de compra no momento exato, a venda poderá não acontecer.*

Certo dia saí a campo com um vendedor de fertilizantes. Depois de apresentar o produto, o fazendeiro perguntou: *"Vocês me entregam quando?"* Quando ouvi o fazendeiro fazer aquela pergunta, logo percebi que ele já havia decidido comprar. Era a hora exata de fechar a venda. Mas o vendedor que estava comigo respondeu: *"Podemos entregar o dia que o senhor quiser"*. Em seguida, o fazendeiro perguntou: *"Vocês podem descarregar os fertilizantes diretamente no meu barracão das duas fazendas?"* E o vendedor respondeu: *"Podemos, sim. Descarregamos, onde o senhor quiser"*. E, por mais inacreditável que possa parecer, o vendedor continuou dizendo: *"Então o senhor dá uma pensada, e me liga quando decidir se vai comprar"*. E saímos sem vender...

Eu pensei comigo: esse vendedor não quer vender! O cliente deu todos os sinais de compra e o vendedor continuou mandando ele pensar. Essas coisas acontecem todos os dias. Quando a pessoa pergunta se você aceita cartão, por exemplo, é porque ela já comprou o produto. Agora é hora de pegar a assinatura, fazer o contrato e falar: *"Estaremos entregando para o senhor na segunda-feira"*.

Se você não for uma pessoa pró-ativa no processo de vendas, você ficará enrolando o cliente e não venderá. Outros venderão para seus clientes. Quando você não sabe fechar uma venda, os outros fecham as vendas feitas por você. Por que isso acontece? Porque você argumentou, convenceu, só não soube fechar a venda. Você deixou o cliente pronto para que um bom "fechador" de vendas ganhasse a comissão que deveria ser sua.

Em uma agência de viagens, por exemplo, se a pessoa pergunta: *"Tem um grupo igual a esse em fevereiro?"*, é porque ela já comprou o pacote, só está discutindo a data. Outra coisa: facilite o fechamento da venda para o seu cliente. Diga que é possível, não comece a procurar pêlo em ovo. Primeiro feche a venda, depois vá atrás dos documentos, das cópias necessárias, e resolva depois alguns problemas que possam surgir.

Como antropólogo empresarial, vou ao mercado com muitos vendedores. Procuro observar os vendedores em entrevistas de venda. A primeira coisa que eu noto é a ansiedade do vendedor, que não ouve o que o cliente está falando e, por isso, não percebe os sinais de compra. Eu, ali sentado, percebo um milhão de sinais e o vendedor (que não presta atenção) não percebe nada. Admiro um bom vendedor. Vejo que, quando eles fecham uma venda, elogiam seus clientes. Elogiam muito o fato deles terem comprado aquele produto ou serviço e afirmam que eles ficarão muito felizes e satisfeitos. Em seguida, mudam de assunto, para que não haja a possibilidade da venda ser reaberta. Assim, quando fechar a venda, elogie e mude de assunto, dizem os bons vendedores. Comemore com o cliente, tome um café, haja como um fato consumado.

Certa vez, um famoso vendedor americano me contou:
"Quanto mais rápido você fechar,
menos sentimento de culpa o comprador terá.
Fechando logo a venda,
você já tira a culpa que o comprador poderia sentir
por gastar aquele dinheiro em uma coisa que
talvez não seja essencial, um perfume, por exemplo".

Gerentes de banco vendem planos de previdência privada. Há muitos anos eu vinha sendo assediado por vários gerentes para fazer planos de previdência para meus filhos. *"O senhor não quer fazer? É bom para a sua família"*. Eu concordava com eles, mas explicava que, no momento, estava com outras prioridades.

Um dia, uma gerente de banco procurou-me com todas as propostas preenchidas: nome dos filhos, endereço, identidades e outros detalhes. Até a prestação estava definida. Só faltava a minha assinatura. *"Olha, eu estive pensando nos filhos do senhor e fiz esta proposta. É só o senhor assinar"*. Quando vi tudo já preenchido e pronto, perguntei: *"Não tem um plano com valor menor?"* E ela respondeu: *"Claro, de quanto o senhor quer o plano?"* Ela preencheu, eu assinei, ela agradeceu e saiu.

Fiquei pensando nos motivos da minha compra, sendo que tantos outros gerentes haviam me procurado anteriormente. A razão é simples, ela não veio conversando: *"Previdência privada é uma coisa excelente, muito boa, o senhor faz para os filhos pequenos, dá de presente para eles, dois, três anos e depois eles continuam, isso vai ser muito bom para a vida deles. Um presente de aniversário para o senhor dar... O senhor vai pagar só um ano"*. Aquela gerente trouxe tudo pronto, era só eu assinar. Ela facilitou a minha decisão, já colocando um valor. Por isso, para vender é preciso fazer a lição de casa.

Lembre que vendas fechadas e contratos assinados fazem de você um vendedor vitorioso. O resto é pura filosofia. Pense nisso.

Dê um *show!*

Transforme seu *business* num *show*

Por que *show*? Por que, neste século XXI, só vai vencer a empresa que for capaz de dar ao seu cliente e ao seu mercado um verdadeiro *show*? Qualquer empresa – seja pequena, média ou grande, um escritório ou um consultório médico – deve ter três fatores de sucesso: tempo, marca e entretenimento. A união destes fatores é que fará a empresa de sucesso do século XXI.

O primeiro fator é tempo. Dinheiro nenhum pode comprar o tempo. Você já reparou, por exemplo, que o homem mais rico do mundo não pode comprar um segundo de quem lhe engraxa os sapatos? Eu posso emprestar a você um dólar, mas eu não posso lhe emprestar um segundo. Tempo é a grande vantagem competitiva do século XXI. Vencerá a empresa que fizer o seu cliente ganhar tempo.

Não se trata de deixar de perder tempo. Essa era uma tarefa que já deveríamos ter feito nos anos 80 (no século passado). O objetivo é fazer nosso cliente ganhar tempo. De que maneira o meu cliente pode ganhar tempo com a minha empresa? O que eu posso fazer, na minha empresa, para que o meu cliente ganhe tempo?

Fizemos uma pesquisa em supermercados com mulheres operárias, pessoas simples e pessoas mais sofisticadas. Perguntamos a elas qual supermercado preferem: um que tem todos os produtos nas gôndolas e você demora quarenta minutos para sair ou um outro supermercado que tem a metade dos produtos do primeiro, mas que você passe pelo caixa rapidamente – cerca de oito minutos. 93% das mulheres escolheram o segundo supermercado, isto é, aquele que tem a metade dos produtos, mas você sai rapidamente. A variável não é só ter mais produtos nas gôndolas, isto é obrigação. A variável é tempo. Ninguém agüenta mais perder tempo.

Uma senhora estava nervosa saindo do supermercado e nós perguntamos a ela o porquê. *"Ah, essa moça do caixa! Perdi mais de meia hora aqui"*. Nós perguntamos: *"Desculpe a pergunta, mas o que a senhora vai fazer depois?"* E ela respondeu: *"Moço, eu vou assistir desenho animado e dormir na minha casa. O que eu vou fazer com o meu tempo é problema meu. O que eu não admito é ficar meia hora em um caixa de supermercado"*.

As pessoas não admitem perder tempo. Tempo é, pois, uma variável fundamental. A lição de casa que eu quero lhe passar é que você descubra de que maneira o seu cliente pode ganhar tempo com a sua empresa. Reúna os seus funcionários e comece a discutir, em pequenos ou grandes grupos, de que maneira o seu cliente pode ganhar um segundo ou ganhar meia hora.

Fui a uma empresa americana, uma empresa de *courier*, que entrega pacotes, tipo sedex aqui no Brasil. Nessa empresa assisti a um treinamento em que todos os motoristas e entregadores ficavam em fila e o instrutor falava: *"Já!"* Eles saíam correndo e subiam nos caminhões e ele falava: *"Está errado, está errado, desce! Próximo! Já! Está errado"*. Mal o treinando subia no caminhão e o instrutor dizia se estava certo ou errado... Perguntei ao instrutor: *"O que está errado e o que está certo? Eu estou aqui assistindo e não vejo diferença alguma entre os certos e os errados"*. Ele respondeu: *"Nós temos que subir no caminhão com o pé esquerdo"*. Eu falei: *"Mas, por que com pé esquerdo?"* Ele respondeu: *"Subindo com o pé esquerdo nós ganhamos um segundo. Um segundo vezes trezentas mil subidas e descidas por dia, fazem a vantagem competitiva sobre o nosso concorrente"*. Um treinamento para ganhar um segundo!

O primeiro fator de sucesso é o tempo, o outro fator é a marca, o grande capital das empresas no século XXI. No mundo de hoje, o número de concorrentes está cada vez maior; a qualidade dos produtos e serviços que concorrem conosco é cada vez mais similar à nossa; os preços dos produtos concorrentes estão cada vez mais iguais. A marca é muito importante, porque a marca dará aquela sensação de diferença que me fará comprar este ou aquele produto. Mas a marca demora a ser construída e ela precisa ter consistência, precisa ter anos e anos com aqueles valores bem claros, definidos, consistentes na cabeça e no coração do consumidor.

Grandes cientistas e antropólogos afirmam que marca é medo. Por que uma pessoa compra um determinado iogurte, por exemplo, se o concorrente tem o mesmo preço? Pode reparar que a opção recairá na marca mais conhecida. É por isso que afirmamos que uma marca vale o que ela consegue sustentar de preço. Esse é o real valor de uma marca: quando comparada com seus concorrentes, consegue "sustentar" um preço mais elevado. E num mundo em que tudo está se transformando em *commodity*, sustentar um preço mais elevado é fundamental para a sobrevivência de uma empresa. Iogurte é um iogurte; um computador acaba sendo um computador, tanto faz uma marca como outra, e de repente você precisa ter uma marca forte para que o seu cliente aceite deliberadamente colocar a mão no bolso e pagar um preço *premium*, um preço diferenciado pelo seu produto.

Uma camisa Lacoste, por exemplo, com o famoso jacaré seu preço sobe. Se você tirar o jacaré, o preço cai. Por quê? A mesma malha, a mesma indústria, quanto vale uma camisa com o famoso jacaré e sem o jacaré? Marca é fundamental. Mas por que marca é medo? Na verdade, você compra um produto de uma determinada marca de sua preferência, porque tem medo que os de outra marca não tenham a mesma qualidade; medo que não tenham o mesmo giro; que as pessoas não comprem tanto; medo que não tenham o mesmo controle de qualidade e assim por diante.

Por que você não compra um carro importado? Porque você tem medo da assistência técnica, de acontecer alguma coisa e as peças serem muito caras ou de não encontrar peças com rapidez. Há sempre um medo que faz você optar por um ou outro produto ou serviço. Se marca é medo, temos que descobrir quais os possíveis medos que nossos clientes têm de nossa marca. Um médico, por exemplo, deve descobrir por que os pacientes não vão ao seu consultório e vão ao consultório de outro – qual é o medo? *"Ah, ele é muito caro ou ele é muito bravo!"* Qual é o medo do dentista, qual é o medo do escritório de contabilidade? Por que o meu supermercado está vazio e o outro cheio? Qual é o medo?

O terceiro fator é o fator entretenimento.
Vencerá a empresa com a qual o cliente tenha
prazer em relacionar-se. Nosso cliente tem que
sentir prazer em nos telefonar, em nos visitar,
seja pessoalmente ou por meio de nosso site, na internet.
Nossa empresa tem que ser leve, agradável, diferente.
A grande pergunta que nós temos que fazer:
Será que o meu cliente tem prazer
em se relacionar com a minha empresa?
Será que a minha empresa é leve?
Será que ela é agradável?

Será que quando eu utilizo uma companhia de aviação, por exemplo, tenho prazer de subir naquele avião? Será que aquele avião é cheiroso, será que o avião é agradável? Como será? Quando você vai a uma lanchonete, qual é a lanchonete que você escolhe? Será que é apenas pelo sanduíche? Será que é o sanduíche que realmente me atrai, ou será a iluminação, o atendimento, o banheiro limpo, a segurança, entre outros fatores? O cliente tem que sentir prazer em se relacionar com nossa empresa. Hoje em dia para ter sucesso, tudo deve ter um componente forte de prazer.

Marketing é estar atento a essas tendências do mercado de hoje: tempo, marca e entretenimento. O que é vender? "Vender" é administrar, eficazmente, as contingências de compra. O que faz com que o cliente volte? O que faz com que o cliente venha e fale bem de mim? O maior objetivo de uma empresa é transformar o seu cliente em um vendedor ativo. Eu abro aqui um talão de cheque do meu banco e você fala: "Marins, você é cliente desse banco?" *Eu passo meia hora falando bem desse banco para você, quanto vale isso? Quanto vale esse ponto de venda?*

Mas a chave é surpreender o cliente. A pergunta não é o que o cliente espera da minha empresa, é o que o cliente **não** espera da minha empresa. E sabe o que o cliente não espera, hoje? Não espera ganhar tempo, ele precisa disso. Em quase toda empresa que ele visita, ele perde tempo. As marcas são erráticas – eu penso na marca, não sei direito o que ela significa, quais são os atributos daquela marca? Preciso ter prazer em trabalhar com aquela empresa, em me relacionar com aquela empresa, ao invés de desprazer. Assim, eu tenho que perguntar o que o cliente não espera, eu tenho que dar isso, fazendo o exercício com os três fatores de sucesso. É preciso entender essas coisas para ter sucesso no século XXI.

Outro dia cheguei em uma empresa e a telefonista não sabia uma coisa, não sabia duas, não sabia três e eu falei: *"Parece que você não sabe muito da empresa"*. Ela respondeu: *"Não, eu só trabalho aqui"*. No século XXI, não tem cabimento esse tipo de postura. Para vencer neste século é preciso pessoas excelentes, com obsessão pela qualidade e pela excelência. Precisamos ter um certo inconformismo com pessoas que trabalham com a gente e não são excelentes. Porque só vai vencer a empresa que propiciar um verdadeiro *show* ao seu cliente, ao seu mercado e à concorrência.

Por que *show*? Porque o *show* tem os três componentes de sucesso do século XXI. O que é um *show*? Música, música o que é? Metrônomo, ritmo e cadência. E cadência é tempo. Um grande artista me disse o seguinte: *"Marins, sabe o que falam de mim? Que eu tenho um bom* time *no palco"*. Porque *show* é um conjunto de tempo. E música é tempo. A segunda característica de um *show* é a marca. Quando eu falo sobre um *show* de Roberto Carlos, as músicas dele vêm à cabeça. Igualmente com Chico Buarque ou outro cantor. Artista é marca. O terceiro ingrediente de um *show* é o entretenimento.

Tem *show* que ficamos dispersos e queremos o dinheiro de volta... Então, sua empresa não pode ser qualquer *show*, tem que ser um *show* que o mercado aplauda. Aplaudir só não basta (tem gente que aplaude por educação). Sua empresa precisa ser um *show* que o mercado e o cliente aplaudam em pé. Será que a nossa empresa está conseguindo que o nosso cliente, que o nosso mercado nos aplauda em pé? Se eu não estiver fazendo isso, eu não vou ter sucesso no século XXI.

Mas tudo isso é possível? Será que a nossa empresa vai conseguir ou é apenas o sonho de um antropólogo, de um consultor? *"Professor, será tudo isso possível na minha empresa? Com nossos clientes? O senhor não conhece os nossos clientes, são umas malas sem alça... O senhor não acredita, será tudo isso possível com os nossos funcionários? Será tudo isso possível na nossa região, na minha região?"*, pergunta o empresário.

Eu acredito que é possível porque nós temos o melhor teatro e o melhor palco para dar esse *show*. E sabe qual é o melhor teatro e o melhor palco hoje, do mundo? O Brasil, o Mercosul, o mundo inteiro. Por que não a partir do Brasil vencer no Mercosul, por que não vencer no mundo inteiro?

Temos, também, um bom *backstage* (aquele pessoal de apoio). Temos a estrutura de nossas empresas. Mas será que falta estrutura para que você comece a dar um *show*? É claro que sempre podemos melhorar. Recentemente fui a uma empresa de alta tecnologia norte-americana e o técnico do laboratório falou: *"Se a gente tivesse um aparelhinho novo, que saiu..."* Eles também não têm tudo que desejam, ninguém tem tudo aquilo que deseja... Mas, com aquilo que temos, é possível começar o *show*. Nós temos como *backstage* o apoio de tantas empresas, entidades, organismos nacionais e internacionais, sindicatos e associações. E temos o mais importante: os melhores artistas.

Você é o artista da sua empresa e faz parte de um *show*. Você tem que dar ao seu cliente formas para ganhar tempo, impregnar a marca e fazer com que ele tenha prazer. Isso é um *show* e você, hoje, é o artista fazendo o seu papel. Desempenhando seu papel, na sua empresa: seja ele diretor, gerente, vendedor, telefonista, professor, dentista, médico, advogado... Transforme o seu *business*, a sua empresa, o seu negócio em um *show*. Só assim você vai ter o mercado, o cliente e vai ter o mundo aplaudindo você em pé. É isso que você merece.

Pare de reclamar e comece
logo a dar um show. *Pense nisso.*

Os desafios do bom atendimento

A Europa é uma beleza: boa comida, bons hotéis, museus e igrejas seculares. Porém, segundo a Comissão Européia de Turismo, havia um problema que precisava ser resolvido: o atendimento ao turista. O turista não se sentia bem-vindo. O europeu demonstrava impaciência no trato com estrangeiros. A comissão alertou que sem um bom atendimento, o turista iria buscar outros destinos. O turismo ambiental – na Austrália, no Sudeste Asiático e no próprio Brasil – ameaçava atrair os que antes buscavam a Europa.

Nos últimos trinta anos, os Estados Unidos fizeram um enorme trabalho nacional de valorização do turismo receptivo, esforço esse interrompido pelo episódio do ataque às torres gêmeas de 11 de setembro de 2001. A Europa enxergou aí uma oportunidade e fez um enorme esforço para melhorar o atendimento ao turista. A União Européia desenvolveu programas especiais de conscientização em todos os países-membros e o resultado vem sendo bastante positivo. A Europa, hoje, recebe muito melhor o estrangeiro, fato que estou comprovando em quase todos os países e lugares por que tenho passado.

O que desejo chamar a atenção nesta mensagem é que sem um bom atendimento, nem mesmo países com grande acervo cultural e enorme conteúdo histórico conseguem competir com sucesso. Se isso acontece com países, imagine com empresas.

Não nos iludamos: problemas existem e sempre existirão. Há variáveis que sempre estarão fora de nosso controle. A única forma de enfrentar esses problemas é atender excepcionalmente bem.

Gostaria de sugerir que você olhasse, com muito cuidado, como está o atendimento em sua empresa. Lembre-se que atender bem não é tarefa exclusiva de quem está em contato direto com o cliente. É tarefa de todos, sem nenhuma exceção. Pessoas das áreas administrativas, de apoio ou *back office* são igualmente responsáveis pelo bom atendimento. Não basta só um discurso bonito. É preciso treinar pessoas, criar sistemas de informação para que todos da empresa saibam e possam informar corretamente.

É preciso investir no atendimento de forma consistente e planejada também na empresa. Do contrário, perderemos nossos clientes que buscarão outros destinos. Pense nisso.

História e empresa

A história de uma empresa deve ser preservada, escrita e transmitida para as pessoas que participam do seu dia-a-dia. Tenho visto empresas européias e americanas que investem pesadamente na preservação de sua história. São histórias que contam desde a concepção, os primeiros passos, até pequenas conquistas atuais. É por meio da história que os colaboradores conseguirão compreender as razões de posturas e condutas que têm origens remotas na vida de uma empresa. São essas histórias que formam a cultura da empresa, que vão impregnar a mente e o coração de colaboradores e clientes.

Empresas que não cultuam sua história não conseguem formar um conjunto de crenças e valores, que possam nortear as atitudes e o comportamento de seus funcionários. É a história vivida e contada, passada de ano em ano, que dará segurança e credibilidade, força e orgulho à empresa nos momentos em que precisa que todos se unam para enfrentar a concorrência.

Como somos um país muito novo, nem sempre entendemos o valor da história para a identidade de um grupo humano, mas é preciso acreditar no valor do culto à história no ambiente empresarial. Lembre-se que as grandes empresas do mundo cuidam de sua história de forma muito séria.

Gostaria de pedir que você pensasse em formas concretas de resgatar, escrever e divulgar a história de sua empresa. Por mais jovem que sua empresa seja, ela sempre terá fatos marcantes que valerão a pena ser contados a seus colaboradores. Reúna casos, fatos, histórias, documentos e mostre a todos como tudo começou e como a empresa enfrentou problemas e realizou conquistas extraordinárias. Seus colaboradores perceberão que fazem parte de uma estrutura mais sólida, com passado, presente e um futuro ainda mais brilhante. Conhecendo os problemas e vitórias do passado, os colaboradores perceberão que a empresa é suficientemente forte para enfrentar novos desafios e essa força irá se disseminar para todos e acabará passando para os clientes e fornecedores.

Acredite no valor da história para fazer sua empresa vencer os desafios atuais. Pense nisso.

A pessoa certa, na função certa

Um dos maiores desafios na gestão de pessoas é colocar a pessoa certa no lugar certo. Será que aquela pessoa é realmente incompetente e incapaz ou ela está no lugar errado? Será que suas habilidades e comportamentos são os requeridos para a função que ela ocupa? Será que ela está feliz, fazendo o que estamos pedindo a ela, ou está infeliz por sentir ou saber que está na função errada? Conheço dezenas de exemplos reais em que pessoas que eram consideradas funcionalmente fracas, e estavam prestes a ser dispensadas, mostraram-se incrivelmente competentes em outra função na mesma empresa. Como enfrentar essa realidade?

Antes de recrutar, selecionar ou promover alguma pessoa, é preciso fazer uma análise comportamental da função a ser preenchida. Que comportamentos e habilidades são exigidos para aquela função? Essa análise é feita observando e descrevendo os comportamentos que você deseja que a pessoa emita. Por exemplo, a função exige muito relacionamento com pessoas estranhas? Exige arquivar documentos? É preciso redigir cartas e memorandos? Deve falar ao telefone? É necessário falar em público? Demanda conhecimento geográfico de alguma área específica? Exige a elaboração de cálculos matemáticos? Quais?

A partir de uma análise comportamental e de habilidades necessárias (o que a pessoa realmente irá fazer e como deve fazer) é que você poderá colocar a pessoa certa no lugar certo.

É muito comum promover alguém que era muito competente e torná-la incompetente na nova função. Nem sempre um bom vendedor será um bom gerente de vendas. As habilidades e comportamentos exigidos de um gerente são completamente diferentes dos exigidos para um vendedor. Por isso, muitas vezes, não dá certo. Uma simpática e ligeira garçonete nem sempre será uma boa secretária. As habilidades e comportamentos exigidos são diferentes para as duas funções.

Observar comportamentos e atitudes e colocar as pessoas certas na função certa são segredos do sucesso das empresas. Pense nisso.

Aprenda a gerenciar crises e tenha clientes menos insatisfeitos

Por volta das 4 horas da madrugada, os passageiros se apresentaram para o *check-in* no aeroporto de Natal, RN. Malas despachadas, cartão de embarque para o vôo das 5h20. Já na sala de embarque, uma atendente da companhia aérea diz, secamente: *"O vôo está cancelado. Dirijam-se à esteira de bagagens para retirar seus pertences. Maiores informações serão dadas posteriormente no balcão da companhia"*.

O vôo estava lotado. Formou-se uma imensa fila. Ao invés de informação, um vale para o café da manhã. Das 5h30 às 10h todos os passageiros em fila, ansiosos por informação que vinha homeopaticamente. Ora que todos seriam encaminhados para hotéis, ora que não havia hotéis disponíveis na cidade. Precárias acomodações em hotéis e o aviso de que deveriam retornar ao aeroporto às 12h30 (sic), quando outra fila se formou.

Casais com crianças pequenas. Mulheres com crianças apreensivas pela ausência do pai protetor. Senhoras em cadeiras de rodas. Pernas varicosas, tornozelos de artrite, joelhos sustentando corpos obesos. Novamente a informação chegava aos poucos e totalmente contraditória. Ora era uma peça faltante que viria de São Paulo, ora a falta de um óleo especial que chegaria de Fortaleza. Ora que o embarque seria às 14 horas, ora às 17 horas.

Passavam-se as horas. Na ânsia de querer acalmar os passageiros, funcionários falavam sobre peças hidráulicas das quais obviamente nada entendiam e inventavam chegadas de novos aviões de reforço. A cada (des)informação pronunciada por um funcionário da empresa aérea, o tumulto crescia e cada recado era recebido com uma vaia surda. A credibilidade da empresa caía abaixo de zero. O vôo finalmente decolou às 17h05 com a maior parte dos passageiros a bordo. O destino final original era Campinas. Decolamos para Congonhas. Na escala em Brasília, o destino foi mudado para Guarulhos, onde chegamos às 22h30.

O que me chamou a atenção nessa crise, que presenciei e vivi, é que a revolta dos passageiros não se referia à pane do avião. Todos sabem e sabiam que máquinas falham e peças quebram. A indignação era com a falta de habilidade da empresa em gerenciar a informação. A impressão de todos era a de que a empresa treinava seus funcionários para iludir seus clientes e nunca dizer a verdade.

Resolvi relatar esta longa história real para lembrar que crises são inevitáveis. A lição que precisamos tirar é que, quando elas ocorrem e envolvem diretamente clientes, é preciso cuidar do gerenciamento da informação. A empresa deve ter um plano de gerenciamento de crises para saber administrá-las. Uma pessoa treinada ou um pequeno comitê deve decidir exatamente como a informação adequada chegará ao cliente. O excesso de informação é tão grave quanto sua ausência total. A informação correta, na hora e da forma exata, dada pela pessoa certa é o melhor antídoto contra crises.

A maioria das empresas acredita que crises só ocorrem para suas concorrentes e não se preparam para enfrentá-las. Pode ser um objeto estranho em um tanque de combustível que danifique o motor de um cliente; a denúncia de um cliente (sem razão) publicada na grande imprensa e que traz repercussões imprevisíveis ou ainda um frentista amalucado que trata mal um cliente importante... É preciso compreender que crises acontecem e ocorrem sempre na hora em que sua administração improvisada é quase impossível: finais de semana, madrugadas ou feriados prolongados. Administrada por pessoas incompetentes e sem preparo, a crise se amplia e fica incontrolável e sua repercussão pode durar anos e até décadas e milhares de reais pelas inúteis explicações.

Pense, seriamente, em fazer um plano de gerenciamento de crises em sua empresa e discuta com seu pessoal a importância da informação. Muitas empresas confiam no bom senso de seus colaboradores. Isso é um risco e um erro. Não confie na sorte e nem no bom senso de ninguém. Lembre-se que na crise todos estarão sob enorme pressão e o bom senso desaparece em trinta segundos. Esteja sempre preparado para enfrentar crises.

Pense no impensável, no impossível e no absurdo
e se prepare para enfrentá-los,
porque um dia eles acontecem.
Pense nisso.

Todo o mundo,

ninguém, nunca...

O vendedor chega e diz: *"Ninguém quer comprar nosso produto"*. A recepcionista diz: *"Todo o mundo está reclamando"*. O contador diz: *"Nunca mais sairemos deste buraco financeiro"*. Você já reparou que as pessoas dizem a você: *"Todo o mundo está falando"*. Ou: *"Ninguém compra este produto"*. Ou: *"Nunca isso será possível!"* E quando você vai conferir o "todo o mundo" são três pessoas; o "ninguém" é apenas uma; e o "nunca" acaba rapidinho: dura apenas uma semana...

Não se deixe enganar por pessoas que dizem que "todo o mundo está reclamando" e que "ninguém está gostando". Procure saber exatamente quantas pessoas estão reclamando e quantos não estão gostando. Você ficará surpreso. Algumas empresas fazem mudanças em produtos e serviços, tomando providências drásticas com base em informações genéricas, sem aferir a real dimensão do problema.

Um dono de restaurante tirou um prato do cardápio porque seus garçons disseram que ninguém pedia aquele prato. Algum tempo depois, começou a ouvir reclamações de seus clientes pela ausência do prato. Foi conferir e ficou surpreso ao ver aquele era um item bem vendido. Quando foi saber a razão para tirarem o prato do cardápio, descobriu que os garçons não gostavam daquele prato por ser um pouco mais complicado para servir.

Muitas empresas e pessoas não têm o hábito de trabalhar com o que se chama de *hard facts,* ou seja, fatos concretos ou dados concretos. Muitas vezes confiamos em nosso *feeling* ou mesmo na opinião de pessoas com quem convivemos, sem conferir ou solicitar os reais dados, números e estatísticas. E decidimos de forma errônea.

Faça uma análise de quantas pessoas já chegaram a você com informações do tipo "todo o mundo", "ninguém", "nunca". E pense quantas vezes você acreditou na informação sem checar os dados concretos. Pense, também, em quantas decisões são tomadas sem que tenhamos em mãos os fatos ou os dados reais.

Não se deixe enganar. Pense nisso.

Não tem, não dá, não pode...

Pergunto à balconista se na loja tem tal produto. Ela diz: *"Não tem"*. Pergunto ao eletricista se é possível colocar uma tomada extra junto à geladeira. Ele diz: *"Não dá"*. Pergunto ao advogado se tal coisa pode ser feita. Ele diz: *"Não pode"*. Já recebi muitos "não tem, não dá e não pode" que não eram bem assim... Com preguiça de procurar o produto no estoque, a balconista diz que não tem. Com preguiça de arrastar a geladeira, subir até o forro e puxar a dita tomada, o eletricista diz que não dá, que a rede não suporta a carga. Com preguiça de consultar a jurisprudência, o advogado diz que não pode. Quando isso acontecer com você, pergunte novamente e insista.

A maneira mais fácil de fugir de uma responsabilidade ou de um serviço é dizer não. E você conhece as dezenas de variantes destes "não tem, não dá e não pode".

É a secretária que diz que já ligou centenas de vezes e não encontrou a pessoa. É o motorista que diz que não dá tempo de fazer a entrega naquele dia. É a costureira que diz que é impossível fazer aquela barra de saia. É o dentista que diz que aquele seu dente, só arrancando mesmo. É o médico que afirma que isso é caso de cirurgia e não tem outro jeito. É o mecânico que diz que o motor de seu carro está fundindo e que não pode fazer nada...

É sempre mais fácil fugir de um possível problema. Quantas vezes, na sua empresa, você escutou as seguintes argumentações: *"Não sei, não vi, não conheço, não estava lá, não é da minha alçada, não é da minha área ou do meu departamento"*?

Será que não estamos sendo vítimas de pessoas pouco comprometidas em solucionar nossos problemas? Ou será que nós agimos assim para evitar um comprometimento extra? Pense nisso.

Os "imperdíveis"

ANÔNIMOS

Eurico não é bajulador. Não fica buscando elogios para si mesmo. Não chega cedo demais, nem sai muito tarde. Não faz *marketing* pessoal. Não rouba idéias alheias. Mas, quando você precisa de ajuda, lá está ele. Ele parece surgir do nada, nas horas mais necessárias. Ajuda e não cobra depois. Parece gostar de ser um quase-anônimo.

Eurico trabalha em um departamento sem charme algum. Nem tem lá um cargo ou função de destaque. Ele é apenas o Eurico que participa das semanas de prevenção de acidentes, dos programas de qualidade total, da preparação das comemorações da empresa e ajuda a temperar o churrasco anual do grêmio de funcionários. Se você quer alguém para ajudar, chame o Eurico. Sem nenhum alarde ele lá estará, ao seu lado, o tempo que for necessário. Muita gente acha o Eurico um bobo que se deixa aproveitar pelos outros. Muita gente aconselha o Eurico a não se envolver tanto nas coisas da empresa. Ele parece não ligar para tais opiniões e conselhos. Continua firme.

O mais incrível é que ele quase nunca falta ao trabalho e o seu serviço está sempre em dia, sempre em ordem. Ele procura inovar, criar formas diferentes e simplificadas para encantar clientes e fornecedores. Será que o Eurico existe? A verdade é que existem milhares de Euricos. Euricos homens; Euricos mulheres. Se os Euricos não existissem, as empresas não andariam. Todos sabemos disso. Mas, nem sempre esses Euricos são reconhecidos e valorizados. São quase-anônimos que fazem seu trabalho e ajudam os outros. São simplesmente Euricos. São os imperdíveis anônimos que se alimentam do desejo de ajudar, de colaborar, de participar e de fazer.

É hora de enxergar os Euricos de nossas empresas
e dar a eles o reconhecimento de "imperdíveis".
É hora de parar de poupar os que não participam,
os que não ajudam, os que não colaboram, os que vivem
apenas de um falso marketing *pessoal.*

É hora de valorizar os Euricos e dizer a eles o quanto são importantes para nós e para nossa empresa e de prestar mais atenção aos seus salários, quase sempre esquecidos, porque os Euricos raramente pedem aumento.

Você conhece algum Eurico? Pense nisso.

Pense nos que "jamais comprarão de você"

Todo setor de negócios acredita que existem clientes que "jamais comprarão" seus produtos ou serviços. *"Esse não é o nosso mercado!"* Ou: *"O nosso cliente é diferente"*, afirmam. Será isso uma verdade absoluta? Será que há algum segmento de pessoas ou mesmo empresas que "jamais comprarão de nós"?

Empresas vencedoras são as que conseguem pensar além dos concorrentes. Elas criam novos mercados onde os concorrentes acreditam não existir possibilidade alguma. Elas exploram oportunidades, onde os concorrentes não ousam sequer pensar.

Pensando e agindo assim, todas as empresas brigam no mesmo mercado, pelos clientes de sempre. E é incrível o número de idéias estabelecidas, nas quais todos acreditam e não ousam desafiar. *"Pobre não bebe vinho"; "perfume é coisa de mulher"* e *"rico não compra consórcio"* são frases freqüentemente ouvidas, até que, de repente, alguma empresa inovadora rompe com os velhos conceitos e tem um enorme sucesso, vendendo para aqueles que "jamais comprariam de nós".

O mesmo acontece com vendedores e representantes. A maioria deixa de visitar os não-clientes de seus produtos e serviços e, com isso, perdem excelentes oportunidades de negócio. Tente fazer uma análise de quem você considera clientes e não-clientes e reavalie essa classificação. Talvez seja uma visão tradicional que deva ser questionada. Muitas vezes quem você considera que jamais compraria de você é um comprador em potencial. Se você pensar da mesma forma que seus concorrentes terá que lutar contra eles o tempo todo.

Se você pensar diferente – e enxergar o seu mercado além de seus concorrentes – talvez encontre a saída que tanto busca. Pense nisso.

Comunicação

e comprometimento

Acredito que o maior problema de uma empresa seja a falta de comunicação ou a comunicação feita de forma inadequada. Apesar desta constatação, poucas empresas têm maneiras sistemáticas e contínuas de comunicação interna. Não basta ter um jornal interno ou mesmo uma revista. É preciso cuidar dos detalhes do processo de comunicação na empresa, estudar como as informações são passadas e como elas chegam aos colaboradores. Porque a melhor maneira para se conseguir o comprometimento de nossos colaboradores é melhorar a comunicação.

Empresas de sucesso, de vários tamanhos, usam inúmeras formas para fazer com que a comunicação flua de forma eficaz. E-mails, *avisos, reuniões-relâmpagos, comunicações diretas para a residência e para a família dos colaboradores,* happy hours, *bilhetes pessoais, tudo deve ser planejado de forma séria para que os colaboradores se inteirem de programas e projetos da empresa. Só assim poderão se comprometer com eles.*

Grande parte das empresas não dá atenção ao processo de comunicação de forma estruturada. Muitas elaboram ações esparsas, separadas, que não conseguem promover o engajamento e o comprometimento das pessoas. Sem uma comunicação integrada, seriamente estudada e implementada, muitas vezes as informações e comunicados geram mais ansiedade e confusão na cabeça dos colaboradores. Conheço empresas que caem no auto-engano de dizer que fazem uma "comunicação informal" e acabam por difundir meias verdades e criar um ambiente de fofoca e desconfiança.

Reflita como é a comunicação em sua empresa. Você tem uma forma estruturada e contínua de comunicação entre as diversas áreas e seus colaboradores? Sua empresa adota a comunicação "informal"? Você acha suficiente?

Tente estruturar melhor o processo de comunicação em sua empresa e terá colaboradores mais comprometidos. Pense nisso.

A ilusão de ser pago pelo que sabe e não pelos resultados que produz

Orestes acha-se merecedor de promoções e aumentos por causa dos diplomas, certificados, cursos e experiência acumulada. O problema é que Orestes não cumpre suas metas, não aparece com nenhuma idéia nova, não participa dos programas de qualidade, não ajuda os colegas e não gosta de atender clientes.

Há pessoas que têm a expectativa de receber pelo que sabem e não pelo que fazem. Esta é uma grande ilusão. Quando um diploma, certificado, curso e experiência complementam uma pessoa que produz mais e melhor, aí sim, o aumento ou a promoção poderá ocorrer. Não basta saber.

Nesse mundo competitivo do mercado de trabalho, com muitos concorrentes, qualidade semelhante e preços similares, é preciso mostrar resultados e não só conhecimento teórico. Não basta saber. É preciso fazer!

Sou professor e dou enorme valor ao conhecimento. Mas é preciso não ter a ilusão de querer ser pago pelo que você sabe e não pelos resultados que você produz. Quantos "gênios" você conhece que não conseguem sustentar uma família ou mesmo a si próprios? São pessoas amargas, críticas, chamam a todos de ignorantes, mas não saem do buraco, muitas vezes cavado com a arrogância de seu enorme saber. Não é realidade, em universidades ou centros de pesquisa, ganhar pelo que se sabe. Mas, sim, você ganha – tanto dinheiro como prestígio – ao publicar artigos científicos, livros, formar pessoas ou desenvolver alguma pesquisa de valor. Até onde o conhecimento é a matéria-prima, se espera que você produza alguma coisa.

A verdade é que o conhecimento, sem ação e sem resultados, não tem valor para a sociedade. Orestes não sabe disso ou não quer enxergar. Você conhece o Orestes? Reflita sobre algumas questões: sem produzir e dar resultados, você acredita que alguém pagará mais a você pela sua experiência acumulada e anos de trabalho? Você tem o costume de chamar outras pessoas de ignorantes? Você se irrita ao ver pessoas que não têm a sua formação escolar ganhando mais do que você?

Você sabe e produz? Ou você só sabe e não aplica o seu saber? Pense nisso.

Como a complexidade pode arruinar o seu negócio

A economia globalizada e a informatização oferecem aos consumidores mais poder do que sempre tiveram – o de permitir a comparação entre dezenas de opções e preços no clique de um *mouse*, por exemplo. As empresas respondem expandindo seus *menus* de produtos e de serviços e, com isso, estão sendo arrastadas e engolidas pela complexidade demasiada em seu negócio, o que pode fazer com que os possíveis ganhos sejam simplesmente eliminados pela complexidade e pelo "abarrotamento" de produtos, modelos e embalagens. Quando temos muitas opções e total liberdade de escolha, poderia acontecer de *"menos"* ser melhor do que *"mais"*?

Um novo livro, intitulado *Vencendo a complexidade no seu negócio* (*Conquering Complexity in Your Business – How Wal Mart, Toyota and Other Top Companies are Breaking Through the Ceiling on Profits and Growth.* George Group Editor, 2004), sugere que alguns fornecedores e consumidores poderiam se beneficiar se tivessem menos escolhas ou opções. Escrito por Michael George, CEO do George Group de Dallas, e por Stephen A. Wilson, diretor da mesma consultoria, o livro discute que as organizações pagam um preço muito elevado diversificando seus produtos ou serviços, mantendo uma linha ou portfólio muito diversificado.

Com relação às pessoas, o fenômeno é fácil de ser verificado. Indivíduos altamente motivados vão se entupindo de tarefas e acabam tornando-se profissionais ruins naquilo que eram bons e tendo um desempenho geral abaixo do satisfatório. Isso porque tentam fazer várias coisas ao mesmo tempo. As empresas e organizações são vulneráveis ao mesmo tipo de doença.

A complexidade e a desordem gerada pelo acúmulo de produtos, serviços e portfólio acabam "comendo" os lucros, deslocando recursos escassos e mascarando a verdadeira rentabilidade. A complexidade cria barreiras entre a empresa e seu cliente.

Do ponto de vista do cliente, um portfólio complexo e desordenado significa que a empresa não compreende o que seu cliente necessita, e a empresa corre o risco de criar produtos e serviços que complicam a tarefa de optar. Isso pode frustrar o cliente. Um estudo citado pelos autores mostra que consumidores pagariam um prêmio adicional de 8% por uma experiência de compra mais simples e 50% mudariam de marca para obter um relacionamento mais simples, uma forma mais simples de decidir a compra.

A complexidade tem três impactos distintos que prejudicam fortemente a empresa. O primeiro impacto é o dos custos. O segundo relaciona-se ao foco, visto que a complexidade desloca a empresa das áreas chaves de crescimento dos produtos e serviços que geram maior rentabilidade. Finalmente, a complexidade impacta diretamente processos, aumenta custos e consome recursos financeiros e de trabalho que deveriam ser dirigidos e concentrados em setores de crescimento e rentabilidade.

Ser simples, pois, é mais um desafio
para as empresas que querem vencer
neste louco mercado.
Pense nisso.

Tem gente que ainda não acordou...

Há empresas que parecem não fazer a mínima questão de atendê-lo. Não precisam de você. Dá a impressão que você surgiu para atrapalhar a paz, o sossego e a ordem. Você liga para uma empresa solicitando um orçamento. Ela tem seu nome e telefone. Não ligam para você de volta. Não têm interesse em saber se você já comprou, se achou um preço menor ou um negócio melhor. Simplesmente esperam que você ligue novamente.

Dentro da empresa, a justificativa é sempre que foi o cliente que ligou e, por isso, se estiver interessado ligará novamente. Se não ligar é porque não está interessado... Ora, se uma pessoa ligou a uma empresa pedindo um orçamento é porque ela está mais do que interessada, é uma quase-cliente que você não pode deixar escapar neste mundo de muitos concorrentes, com qualidade semelhante e preços similares. Você está esperando o quê?

Por meio de um estudo, verificamos uma realidade assustadora. Se você é uma empresa de publicidade, por exemplo, há muitos anos no mercado, com certeza será a primeira pessoa a ser consultada em uma cotação de preços. O seu nome é o primeiro que surge na memória do cliente. Em seguida, o cliente procura outras opções. Mas é com o seu preço, prazo e condições que ele irá negociar com seus concorrentes.

Na quinta ou sexta chamada para cotação, ele estará cansado de ligar ao ver que os preços são mais ou menos iguais. E aí ele diz: *"Achei esse produto por R$xxx. Se você fizer o mesmo preço e condições, compro de você"*. E fecha o negócio. Ora, se você foi o primeiro a ser consultado, a lógica diz que o cliente gostaria mesmo de comprar da sua empresa. Só não comprou porque tinha que fazer uma pesquisa de preços com seus concorrentes.

Porém, se nesse intervalo você ligar de volta para ele perguntando quais preços e condições ele conseguiu, poderá negociar e, certamente, fechar a venda. Ele terá mais confiança para comprar da sua empresa. Mas, quem faz isso? Todos esperam que o cliente ligue novamente.

Um amigo me contou que precisava fazer uma cópia de um pequeno trabalho. Era um sábado. Foi a uma "prestadora de serviço" de copiagem. Chegou na loja às 11h50. Pediu o serviço e a atendente disse: *"O senhor vem buscar na segunda-feira?"* Ao que ele respondeu: *"Minha senhora, eu preciso devolver este trabalho hoje. Demora quanto tempo para fazer a cópia?"* E a atendente respondeu: *"Demora uns quinze minutos. Mas já são dez para o meio-dia e fechamos ao meio-dia e eu não vou trabalhar além do meio-dia num sábado..."*

Inconformado, o meu amigo chamou o dono da copiadora. Ele foi enfático: *"Não tenho culpa se o senhor veio a esta hora. Sábado tudo fecha ao meio-dia. Se quiser deixar, pode pegar na segunda-feira. Se não quiser, paciência..."*

Sem dúvida, essa pequena empresa de cópias está vivendo no tempo em que não havia competição no mercado. Esse amigo, por acaso, é um grande cliente de serviços que essa empresa presta e foi lá pela primeira vez para conhecer o seu trabalho e, talvez, encomendar outros serviços. O que aconteceu? A pequena empresa perdeu um precioso cliente que, além de não solicitar seus serviços, contou sobre o "atendimento" da copiadora para muita gente. Esse empresário talvez não saiba que

um cliente insatisfeito comenta sua insatisfação para vinte outros clientes, enquanto que um satisfeito fala apenas para cinco. A cadeia da insatisfação é terrível contra uma empresa.

Aproveitei o grupo que discutia este caso para perguntar o que achavam da postura do dono da copiadora. A resposta foi que ele deveria pedir à moça que fizesse as cópias. Outra sugestão foi que o próprio dono poderia atender o cliente, porque não há justificativa de horário para o proprietário.

Nunca me canso de dizer que o mundo mudou, que o mercado mudou e que o cliente mudou. Hoje, todos, sem exceção, temos muitos concorrentes, com qualidade semelhante e preços similares. É hora de acordar para estes novos e difíceis tempos.

E você, já acordou? Pense nisso.

Abaixo o "eu consigo"!

Chamo o bombeiro-encanador. Tem até *site* na internet. Chega em minha casa e mostro a ele o vazamento: *"O senhor sabe consertar?"* Ele responde: *"Acho que consigo"*. Contrato um pintor que se dizia especializado em pintura texturizada. Pergunto se ele realmente sabe fazer este tipo de pintura e ele responde: *"Eu consigo"*. Contratei uma cozinheira de "forno e fogão". Perguntei se ela sabia fazer torta de palmito. Ela respondeu: *"Vou ver se consigo"*. Eu poderia enumerar dezenas de casos em que a resposta foi a mesma e o trabalho final simplesmente um horror.

As pessoas não sabem fazer e a resposta "eu consigo", quer dizer: "Não sei, mas vou usar toda a minha criatividade brasileira e tentar fazer o melhor que puder".

Conversando com um *chef* de um grande hotel ele me disse que se encontrasse um bom cozinheiro que soubesse apenas fazer omeletes (apenas omeletes) o contrataria. *"Mas o que temos é um bando de mais ou menos que não sabe nada completamente."*

Todo o mundo com quem falo sente saudade dos artesãos, dos que realmente sabiam o que estavam fazendo e se especializavam cada vez mais. Acho que houve uma confusão na cabeça das pessoas com a tal globalização. Todo o mundo ficou achando que deveria saber "um pouco de tudo" e "pensar globalmente", mas as pessoas se esqueceram de que é preciso ser, no mínimo, bom em alguma coisa e não mais ou menos em tudo. Assim, quando alguém me diz "eu consigo", já saio correndo. Sei que não sabe e não é capaz de fazer um trabalho decente.

Meu conselho para quem está começando a vida profissional é que essa pessoa se especialize em alguma coisa – talvez única – que realmente goste de fazer. E aí vá muito fundo nessa única coisa. Especialize-se nela. Saiba tudo o que puder sobre essa atividade. Garanto que terá um enorme sucesso! O mundo sempre precisará de profissionais dos mais variados ramos. Passaremos décadas antes de não precisarmos mais de pintores, azulejistas, cozinheiros, motoristas, contadores e secretárias.

Até quando sentiremos esse pesar nostálgico pela falta de gente que sabe? Pense nisso.

Acostumadas com a paisagem

Orestes mora na cidade desde que nasceu. Nunca saiu de lá. Álvaro mudou-se para lá há apenas um ano. Reunimos os dois. Qual foi a nossa surpresa? Álvaro conhecia mais a cidade do que Orestes. Álvaro conhecia pizzarias, lojas e prestadores de serviços totalmente desconhecidos de Orestes. Por quê? Qual a razão de Álvaro, um recém-chegado, conhecer mais a cidade do que Orestes, que lá nasceu e de lá nunca saiu?

É que nós nos acostumamos com a "paisagem". Quem mora em uma cidade há muitos anos vai à mesma padaria, ao mesmo posto de gasolina e ao mesmo supermercado. Não procura nada novo, porque "já sabe" onde encontrar as coisas. Uma pessoa recém-chegada pergunta, procura, pesquisa, experimenta, ousa e acaba conhecendo mais do que a antiga moradora. Faça essa pesquisa você mesmo.

Você tem que tomar muito cuidado para não se acostumar com a paisagem e pensar que conhece tudo sobre sua empresa, cidade ou região. Talvez você, acreditando já conhecer tudo, esteja deixando de conhecer novos produtos e projetos de sua própria empresa, de visitar novos clientes potenciais que estão em bairros e cidades que você não visita há muito tempo e pensa conhecer.

Acostumar-se com a paisagem é um grande perigo, porque ficamos arrogantes. Achamos que sabemos de tudo, inclusive aquilo que desconhecemos.

Conheço vendedores que acreditam conhecer sua área de atuação e, de fato, não a conhecem. Alguns funcionários que atuam na filial desconhecem o trabalho da matriz da sua empresa. E aqueles colaboradores da matriz não têm a mínima idéia do que se passa em cada filial... Algumas pessoas pensam saber o que seus colegas de trabalho fazem e, de fato, não sabem. Empresas compram de um mesmo fornecedor há anos, simplesmente por desconhecer novos fornecedores. Acostumadas com a paisagem, pessoas e empresas repetem fórmulas antigas, não criam, não inovam e não ousam. Fracassam.

E você? Acredita que já conhece tudo sobre o seu mercado, região ou cidade? Conhece tudo sobre sua empresa e sabe o que fazem seus colegas de trabalho? Conhece os produtos e serviços que sua empresa pode oferecer? Qual foi a última vez que você saiu, num final de semana, a visitar bairros distantes de sua cidade?

Você tem reparado melhor em sua esposa ou marido, em seus filhos, pais ou netos? Pense nisso.

"Chega de homenagens..."

"Chega de homenagens!
Quero o meu dinheiro."
Adoniran Barbosa

Adoniran Barbosa, mestre do samba paulista, diante de tantas homenagens que lhe prestavam, soltou a frase acima, lembrando às pessoas que as homenagens não pagam a conta do supermercado. Viveu e morreu pobre. Cheio de homenagens...

Troféus, cartões de prata, *"top de marketing"* e capas de revista não pagam as contas das empresas. Muitos empresários vivem em busca de homenagens e se embalam em um mundo irreal de badalações que não levam a empresa a lugar algum. Certa vez, conheci uma revenda de veículos que realizou uma venda espetacular. Foram mais de cem veículos a um só cliente, de uma só vez. A revendedora foi homenageada pela montadora com troféus, jantares e homenagens mil. Quando perguntei ao empresário quanto a revenda dele havia lucrado com aquela venda, ele, sem graça, me respondeu que havia *"perdido alguns milhares de reais..."* e logo emendou: *"Mas, em compensação, ganhei prestígio junto à montadora, ao presidente mundial..."* Depois fiquei sabendo que até os jantares foram pagos pelo revendedor, o que aumentou o seu prejuízo.

Sem entrar no mérito se esse empresário deveria ou não ter feito essa venda e quais os motivos que o levaram a fazê-la, gostaria de ressaltar que uma empresa não vive, nem sobrevive, de "homenagens". E o empresário, o diretor, o gerente, precisa tomar cuidado com o seu "ego", com a sua vaidade, para não incorrer nesse risco e não cair nessa verdadeira armadilha de ter uma empresa "super homenageada", porém "quebrada".

Troféus, jantares e homenagens só têm sentido se a empresa estiver financeiramente sadia e como prêmio pelos seus resultados positivos. Uma empresa verdadeira não pode servir de massageadora de "egos" de seus donos e dirigentes. Se o empresário ou dirigente quer "aparecer" e ser homenageado, deve entrar na política, candidatar-se a vereador, deputado ou ser presidente de time de futebol. Usar a empresa será fatal.

Muitas empresas ostentam, em seu portfólio de clientes, multinacionais de primeira linha e empresas mundiais. Porém, essas empresas exigem descontos e prazos que fazem seus fornecedores experimentarem até prejuízo na venda de produtos e serviços. Essas grandes empresas sabem e contam com a ingenuidade das pequenas e médias empresas, que se sentem "orgulhosas" em tê-las como clientes, mesmo tendo prejuízo.

Conheço, igualmente, empresas com sedes maravilhosas, caras, com custo de manutenção incrivelmente elevado. Tudo para massagear o "ego" de seus dirigentes. Na verdade, no mundo virtual em que vivemos, essa mesma empresa poderia estar em qualquer local, num edifício de baixo custo. Em nada a "sede" pomposa ajuda na qualidade dos produtos ou serviços que presta a seus clientes.

E, assim, muitas empresas fazem verdadeiras loucuras para conquistar um novo cliente só para satisfazer o "ego" de seu pessoal. Outras dão descontos indecentes, prazos inaceitáveis e fazem concessões inimagináveis. Perdem dinheiro só para que o seu concorrente perceba do que ela é capaz. São empresas que fazem coisas absurdamente contrárias à boa prática financeira para conseguir um *top de marketing* na ilusão de que com esse prêmio o mercado a reconhecerá e pagará – no futuro – um prêmio pelos seus produtos.

Ao mesmo tempo conheço empresas que não aparecem muito. Não vivem atrás de taças, prêmios e troféus e que são absolutamente saudáveis financeiramente. Firmes, elas dominam os seus mercados e prestam um excepcional serviço, conquistando a preferência de seus clientes.

Faça uma análise fria e objetiva e veja se você ou sua empresa não estão caindo nessa armadilha de andar atrás de homenagens, desviando o foco das vendas, da conquista do mercado e da geração de caixa. Veja se você, como empresário ou dirigente, não está usando sua empresa para massagear seu ego ao invés de ganhar dinheiro. Cuidado, lembre-se do velho Adoniran:

"Chega de homenagens!
Quero o meu dinheiro."
Pense nisso.

Parte IV

Desmistificando a Motivação

Outros temas e dicas para entender a MOTIVAÇÃO

A importância do estudo da cultura corporativa no desenvolvimento empresarial

Desde o *australopitecus*, passaram-se três milhões de anos. Não houve nenhum período da história do homem em que tivéssemos tido tantas mudanças ocorrendo ao mesmo tempo. Viver e trabalhar hoje são desafios muito maiores, muito mais complexos do que em décadas anteriores. Se esses três milhões de anos tivessem sido apenas um ano, essas mudanças radicais na ciência e na tecnologia teriam sido apenas os últimos quinze segundos. O ser humano não é preparado para esse "passo" de mudança. Não há ser humano "modelo 2005 ou 2007" para enfrentar os desafios da globalização e do ciclo de vida curto dos produtos e do próprio conhecimento. O homem hoje tem que ser um "novo homem" para poder sobreviver e vencer.

O que a antropologia corporativa faz é justamente analisar essas mudanças na vida corporativa e estabelecer, por pesquisas de observação participante, quais os motivos que as empresas em geral podem ter – e a empresa pesquisada e o cliente podem encontrar – em seu conjunto de pessoas para levá-las ao sucesso. Isso é "motivação". Motivação é encontrar os "motivos", muitas vezes escondidos dentro da cultura empresarial, para fazer daquela organização um grupo harmônico, coeso, competitivo, aguerrido, inovador e comprometido. E fazer com que esses motivos sejam transformados em ação, ou seja, produtos e serviços que tornem a empresa vencedora e seus funcionários pessoas realizadas e felizes.

Análises e ferramentas tradicionais não funcionam mais. Modismos em modelos de gestão acabam sendo passageiros e não trazem resultados duradouros. Sem deixar de usar todos os recursos da mais alta tecnologia e ciência disponíveis, a sensação geral é de que é preciso voltar ao "básico" da simplicidade e da compreensão dos motivos humanos para fazer, empreender e vencer.

O estudo da cultura de uma empresa é importante, porque irá definir o conjunto de crenças e valores que poderão ser trabalhados para fazer a empresa crescer em direção ao sucesso.

Uma cultura é definida pelo conjunto das tradições (passado), necessidades (presente) e aspirações (visão de futuro) de uma determinada sociedade ou grupo. Assim, ao estudar a cultura de uma empresa vamos descobrir como a sua história poderá servir de alavanca para o seu futuro. Além disso, esse estudo dá uma forte identidade à empresa e a seus membros o que, sem dúvida, refletirá no comprometimento do grupo com a marca, produtos e serviços.

Sem o estudo e conhecimento de sua cultura, uma empresa será errática e não conseguirá uma forte identidade em seu mercado, fator fundamental para o seu sucesso. Seus colaboradores desconhecerão o sistema de valores da empresa e não terão um comportamento uniforme, o que refletirá no comportamento igualmente errático de clientes e fornecedores.

Assim, resgatar o passado, deixar claro quais os objetivos presentes e definir uma visão de futuro são fatores essenciais para o sucesso empresarial.

É preciso diferenciar a nossa empresa e é justamente a cultura empresarial definida e resgatada que poderá facilitar essa diferenciação. Essa é a razão pela qual as empresas de sucesso estão investindo fortemente no estudo da cultura corporativa. Pense nisso.

Meu guru morreu – Morreu Peter Drucker

Peter Drucker morreu no dia 11 de novembro de 2005. Peter F. Drucker nasceu há 95 anos. Confinado a um andador e quase surdo, Drucker parou de dar entrevistas à imprensa desde o final de 2003. Em outubro de 2004 ele fez uma exceção à Revista Forbes, de dezembro de 2004. Quem o entrevistou foi Rich Karlgaard, editor da Revista. *"Nós nos encontramos em uma casa surpreendentemente espartana em Claremont, Califórnia, onde reside Peter Drucker",* relata Karlgaard.

Veja a seguir os comentários de Drucker sobre liderança:[1]

Líderes bem-sucedidos não perguntam: "O que quero fazer?" Eles perguntam: "O que precisa ser feito?" E, então, perguntam: "De todas as coisas que realmente fazem a diferença, o que, concretamente, eu sou capaz de fazer?"

Eles não se metem a fazer coisas que não sabem ou nas quais não são bons. Certificam-se das necessidades e das coisas a serem feitas, mas não por eles. Eles não têm medo da superioridade alheia. Andrew Carnegie queria ter como epitáfio em seu túmulo a seguinte frase: *"Aqui jaz um homem que era capaz de atrair pessoas melhores que ele próprio para trabalhar".*

Selecione e faça as coisas importantes.

Tenho visto um grande número de pessoas que são excepcionalmente boas como executivas, mas excepcionalmente pobres em escolher as coisas importantes. São magníficas em fazer coisas sem importância. Têm um currículo impressionante de realizações triviais.

Evite as armadilhas da popularidade.

Os líderes têm foco em resultados. Sabem estabelecer uma missão. E, uma outra coisa, eles sabem dizer "não". A pressão sobre os líderes para que façam 984 coisas diferentes é simplesmente insustentável. Assim, os líderes eficazes sabem dizer "não" e manter esse "não", apesar das pressões. Em conseqüência, eles não se sufocam de tarefas. Muitos líderes tentam fazer um pedaço de 25 coisas diferentes e acabam sem fazer nada direito. São populares porque dizem sempre "sim".

[1]Tradução: Luiz Marins.

Aprenda a abandonar.

Uma pergunta crítica para líderes é: "Quando parar de colocar recursos em coisas que não estão dando certo?" As armadilhas mais perigosas para um líder são aqueles "quase-sucessos", aquelas coisas que todos dizem que se você der mais um empurrãozinho você conseguirá o sucesso. Você tenta uma vez, tenta duas vezes, tenta uma terceira vez e não dá certo. Aí é a hora de abandonar o projeto, pois está claro que será difícil demais atingir o objetivo.

Tenha um escritório secreto.

Quando você é o executivo principal, você é um prisioneiro de sua organização. Quando você está no escritório, todo o mundo vem até você para dizer ou pedir alguma coisa. E é inútil trancar a porta. Eles entrarão de um jeito ou de outro. Tenha um escritório secreto em outra parte, fora de sua empresa.

Quando as organizações fracassam?

As organizações fracassam quando as pessoas têm que adivinhar no que o chefe está trabalhando e invariavelmente erram na adivinhação. Certifique-se de que você sabe exatamente as prioridades e o foco de seus colaboradores e faça com que eles compreendam o seu foco. Em seguida, sente-se e coloque em uma ou duas folhas de papel a seguinte nota: *"Isto é o que eu entendi sobre o que nós discutimos esta tarde. Isto é o que eu penso que nós decidimos fazer. Isto é o que eu entendi que você se comprometeu a fazer dentro do prazo tal que discutimos".*

Como líderes competentes se arrebentam.

Um dos homens mais capaz com quem trabalhei, há muitos anos, foi um chanceler democrático da Alemanha pré-II Guerra Mundial, Heinrich Brüning. Ele teve uma habilidade incrível de ver o coração do problema da Alemanha na época. Mas era muito fraco em finanças. Ele deveria ter delegado aquelas tarefas para quem fosse competente em finanças, mas desperdiçou horas infinitas em orçamentos e executou-os mal. Esta foi uma falha terrível, especialmente num período de depressão econômica e essa falha ajudou a ascensão de Adolf Hitler. Nunca tente ser um perito se você não é. Reforce seus pontos fortes e encontre alguém competente para fazer as outras coisas que forem necessárias.

O carisma não tem o valor que se pretende dar.

Um dos presidentes americanos mais eficazes dos últimos cem anos foi Harry Truman. Ele não tinha um grama de carisma. Truman era tão dócil que mais parecia um peixe ornamental. Mas todos que trabalhavam para ele o adoravam porque ele era totalmente confiável. Para ele, "não" era "não" e "sim" era "sim" e nunca disse "não" para uma pessoa e "sim" para outra a respeito da mesma coisa. Outro presidente eficaz dos últimos cem anos foi Ronald Reagan. Sua grande força não era o carisma, como geralmente se pensa, mas a sua exata e plena consciência e aceitação do que era capaz e do que não era capaz de fazer.

A transição de empreendedor para presidente de uma grande companhia.

Novamente vamos começar por discutir o que não deve ser feito. Não pretenda ser o que você não é ou alguém que não seja você mesmo. Se você chegou até aqui, é porque tem um estilo próprio de ser. É com o seu estilo que você precisa conseguir que as coisas sejam feitas. Não se meta em coisas que você não acredita e não queira fazer coisas que você não entende ou não seja competente para fazer. Aprenda a dizer "não". Os líderes eficazes mesclam as necessidades objetivas de sua companhia com as competências subjetivas que têm à sua disposição. Por isso é que eles conseguem fazer rapidamente um número muito grande de coisas bem-feitas.

Esta entrevista é um marco
na história da administração,
como um dos mais lúcidos comentários
sobre liderança.
Pense nisso.

O Efeito China

Participei do *Seminário Internacional "Efeito China – implicações para o planejamento estratégico empresarial"*, promovido pelo Conselho Empresarial Brasil-China, onde estiveram as maiores autoridades mundiais em China, como Nicholas Lardy, do *Institute of International Economics*; Huang Yaseng, do MIT; Stoyan Tenev, do IFC e tantos outros.

A China é hoje o terceiro maior parceiro comercial do Brasil. As importações de produtos chineses no Brasil cresceram 50% em 2004. O PIB, que em 1978 (quando começou a abertura comercial para o mundo) era de 140 bilhões de dólares, hoje ultrapassa 1,6 trilhão de dólares, passando a ser a sétima economia mundial. Em termos de comércio mundial, passou de 32.º para o 3.º lugar no mundo nesse mesmo período. Nada menos do que 20% das exportações de minério de ferro e 30% das exportações de soja brasileiros são mandados para a China.

Com seus 1,4 bilhão de habitantes,
a China tem inúmeros e sérios problemas.
São 800 milhões de campesinos
sem acesso a nenhum benefício do mundo moderno.
Há uma crise ambiental, de utilização racional de energia
e de informalidade no emprego que devem ser enfrentados.
Assim, com problemas e oportunidades,
a China é um fenômeno que não pode ser negligenciado
por qualquer pessoa que queira compreender
o mundo neste século XXI.

Acredito que a lição para nós brasileiros é a de que temos que ter uma visão mais global nos nossos negócios. Somos muito domésticos. O tamanho de nosso mercado interno nos faz um pouco preguiçosos para estudar e entender mercados internacionais. Ainda não acordamos totalmente para a realidade da globalização e seus efeitos concretos em nossas empresas. Estive na China por duas vezes e vi o interesse da China pelo Brasil, pelo menos no mundo acadêmico e empresarial. O mundo inteiro está estudando a China, a Índia, a Rússia e o Brasil, pois acreditam serem esses países os reais jogadores deste novo século. No Brasil, não há cursos

superiores e nem mesmo de pós-graduação e há poucos seminários e palestras sobre esses países e suas realidades. Será que conseguiremos ser competitivos sem estudar, compreender e pesquisar essa nova realidade mundial? Será que conseguiremos ser competidores globais sem que em nossas escolas, universidades e mesmo centros empresariais e de negócios haja real interesse em estudar o mundo a partir de uma visão moderna?

O professor Richard Locke do MIT – *Massachusetts Institute of Technology* – diz que há quatro estágios a serem observados em um processo de mudança. O primeiro estágio é o "despertar da consciência da necessidade de mudança". O segundo estágio é da curiosidade e do interesse sobre a mudança e o que deve ser mudado. O terceiro é o de promover ações de ensaios e erros em direção à mudança. O quarto estágio é efetivamente mudar ou adotar novos comportamentos e atitudes.

Numa análise rápida, parece que o Brasil, em relação à China, Índia, Rússia ou outros países emergentes, está na fase anterior à primeira fase, pois parece que ainda não despertamos para a consciência da necessidade de mudar nossa visão doméstica de empresa. Sem entender a dinâmica e a complexidade do efeito China no mundo contemporâneo, o Brasil dificilmente terá sucesso como *player* mundial nesta nova economia.

Faça uma análise e confira se você e sua empresa estão atentas para esse novo mundo e suas oportunidades. Observe se você ainda está pensando que conseguiremos sobreviver sem nos integrarmos totalmente neste novo mundo globalizado. Veja o que você e sua empresa conhecem da China, Índia, Rússia, União Européia, sudeste asiático e pense se não seria o caso de passar a conhecer mais do mundo que nos cerca.

A grande verdade é que temos que aprender a fazer "lição de casa", isto é, estudar, analisar dados e comparar tabelas. Não dá mais para "empurrar com a barriga" as nossas relações comerciais com o mundo.

É preciso ser mais consistentes em nossas análises e criar rotinas sérias de análise e estudo. Se não formos capazes de fazer isso, com certeza fracassaremos. Pense nisso.

Dos efeitos não-lineares da valorização estética na empresa

Um dos mais importantes estudos da antropologia é o da "estética". Os valores estéticos são considerados de suma importância para o ser humano. Uma guerra só tem início depois que todos os guerreiros da tribo fizeram todas as cerimônias e pinturas corporais e colocaram os adereços próprios da arte plumária. Sem a cerimônia estética da dança, da arte rupestre, da pintura corporal e da arte plumária, a guerra não pode começar. Recentemente, vimos os jovens protestando com pinturas nos rostos (os "caras-pintadas"), que simbolizavam sua condição guerreira, tal qual os indígenas norte-americanos.

Transpondo esses estudos para o mundo empresarial, temos uma realidade semelhante, com efeitos similares. Uma empresa mal-cuidada, suja, escura, com pessoas mal-vestidas, terá baixa qualidade de produtos e serviços. As pessoas "respondem" ao meio. Da mesma forma, uma empresa limpa, bonita, clara, iluminada, com mobiliário adequado, ar-condicionado e plantas produz colaboradores preocupados com qualidade.

O medíocre popular considera a valorização estética uma perda de dinheiro, uma "perfumaria" desnecessária. A ignorância da *magna caterva* só consegue enxergar o "conteúdo" e não compreende o valor do "continente". O metrô de São Paulo é um exemplo emblemático dos efeitos não-lineares da valorização estética. No metrô nada pode ficar quebrado por muito tempo. Qualquer aparelho ou equipamento danificado é consertado ou é retirado do local rapidamente. O resultado é que o mesmo povo que destrói os orelhões, quebra as praças e emporcalha as ruas de São Paulo protege o metrô que é considerado um dos mais bem cuidados, limpos e eficientes do mundo. Como explicar? São milhares de usuários que diariamente "conservam" o metrô, porque dele sentem orgulho. Os mesmos usuários que depredam os ônibus, protegem o metrô!

A valorização estética aumenta a auto-estima das pessoas. Trabalhar em um ambiente bonito, limpo, climatizado, rodeado de pessoas bem vestidas faz o homem sentir-se mais humano. Buscamos melhor *"qualidade de vida"* e não há nenhuma dúvida de que a qualidade de vida para o ser humano passa necessariamente pela valorização estética.

Um dos maiores exemplos dos efeitos não-lineares da valorização estética em urbanismo é a cidade de Curitiba. A partir da valorização estética da cidade, o então prefeito Jaime Lerner conseguiu fazer de Curitiba uma outra cidade. Atraiu um novo pólo automobilístico, fez da cidade uma das mais belas e admiradas cidades da América Latina por sua "qualidade de vida" e equipamentos urbanos de qualidade. E tudo começou pela valorização estética.

O que está acontecendo, por exemplo,
com Sorocaba, no interior de São Paulo?
Por que inúmeros novos investimentos estão sendo feitos
naquela cidade? Por que a cada dia pessoas ficam mais
"encantadas" com a cidade – antes considerada uma
cidade "triste", "feia", "pobre" e "pra baixo"?

Desde que assumiu a Prefeitura, o prefeito Renato Amary demonstrou uma enorme preocupação estética com Sorocaba. Arrumou os canteiros das principais avenidas, restaurou monumentos históricos, iluminou prédios, pontes e viadutos, construiu praças com extremo bom gosto, construiu parques centrais onde as pessoas são incentivadas a caminhar e a praticar exercícios físicos de condicionamento saudável. A própria forma de trajar-se do prefeito – sempre de terno escuro e gravatas de bom gosto – trouxe para Sorocaba efeitos não-lineares que o menos estudioso, observador ou afeito às ciências sociais não consegue enxergar e menos ainda compreender.

Tenho encontrado empresários de São Paulo e de outras cidades visivelmente impressionados com a Sorocaba atual. Perguntam-me a todo instante: *"O que aconteceu com Sorocaba?"* Um grande empresário que está transferindo suas empresas para aquela cidade disse-me que estava para escolher entre várias outras. E como sempre fazem as grandes empresas quando necessitam mudar seus funcionários com familiares para um novo local, alugou ônibus em vários fins de semana e pediu aos diretores, gerentes e familiares que visitassem essas cidades e dessem suas opiniões.

"Sorocaba ganhou disparado", disse-me o empresário. *"As avenidas, os jardins, o shopping, os parques, as lojas iluminadas, os bares e a vida noturna encantaram o meu pessoal"*, emendou. E quando souberam que a cidade tem uma orquestra sinfônica, um belíssimo teatro, bons cinemas e restaurantes, a escolha ficou irreversível.

"Embora o terreno que tínhamos em vista em Sorocaba fosse o mais caro e de mais difícil negociação, não tivemos como não optar por essa cidade".

Amigos e clientes ficam curiosos em saber a razão de eu morar em uma chácara em Sorocaba sem ter clientes naquela cidade. Tenho convidado amigos empresários para que nos visitem em finais de semana e ficam todos simplesmente boquiabertos com a mudança estética que percebem. Até os jardins das casas estão mais bem cuidados, porque a Prefeitura tem dado o exemplo em cuidar das áreas públicas. As lojas estão mais bonitas, pintadas, iluminadas, porque a Prefeitura vem dando o exemplo de cuidar melhor do patrimônio público e do meio ambiente. E opiniões como essa vêm se repetindo dia após dia.

Tomando o exemplo das cidades, a mesma realidade precisa ser compreendida para a empresa. E a valorização estética na empresa ultrapassa os limites do ambiente físico e deve abranger a ética, as boas maneiras, a polidez, atingindo aspectos de valorização da cultura, da educação, das artes e da música.

É preciso compreender que a valorização estética não é dinheiro jogado fora. É investimento. Ela traz – e somente ela poderá trazer de volta – a auto-estima necessária para nossos funcionários, nossos clientes e, também, efeitos incrivelmente benéficos para a nossa marca. E "belo" não significa necessariamente "caro". "Belo" não significa necessariamente "supérfluo". Pelo contrário, a valorização estética aumentando a nossa auto-estima, aumenta o nosso comprometimento com a empresa, o nosso prazer em trabalhar e viver e o nosso orgulho em representar uma marca e pertencer a uma empresa que compreende a importância da valorização estética, do belo, do bom e do que nos faz seres humanos.

Pense nos detalhes estéticos da sua empresa. Não estará a sua empresa embrutecida pelo descuido desses detalhes? Como estão os jardins? Como está a pintura? As cores são alegres, induzem limpeza? O ambiente interno é agradável? Os veículos são limpos e cuidados? Como é a iluminação interna e externa? Os ambientes são claros, bem iluminados? O café é bom? As xícaras são bonitas? Os móveis são confortáveis e de qualidade? Como é o refeitório dos funcionários? E como são os banheiros? Os luminosos da fachada estão com todas as lâmpadas acesas? Estão limpos?

Lembre-se da importância dos efeitos não-lineares da valorização estética para sua empresa. Pense nisso.

Por que o Carnaval é tão importante no Brasil

Como estudou o antropólogo Roberto da Matta, durante o Carnaval o Brasil se inverte. Os pobres, os oprimidos, os excluídos, vestidos de gente poderosa e rica – reis, rainhas, príncipes e princesas – assumem as avenidas. Os ricos, os poderosos, os opressores, vestidos de pobres – camisetas surradas, chinelos de dedo e bermudões – ficam do lado de fora, excluídos, apenas assistindo aos pobres-ricos passar. Os ricos-pobres ficam loucos de vontade de entrar na avenida. Não podem. Mesmo que entrem – comprando uma fantasia – serão sempre figurantes menores, no *show* que é dos pobres-ricos. Ninguém, durante o Carnaval, é mais importante e feliz que o favelado, que o sambista do morro, que aquele anônimo que vira rei nos três dias de folia.

Daí a incrível beleza do Carnaval do Brasil.
E é assim que ele deve ser entendido e respeitado.
Não há nada igual no mundo. E, como para mostrar a sua desacreditada capacidade de fazer as coisas certas, os pobres-ricos fazem a mais bonita e organizada festa do planeta, onde um segundo basta para desclassificar uma Escola de Samba.

É importante que na empresa se entenda essa face antropológico-social do Carnaval do Brasil, pois ele é um momento em que a desigualdade se inverte e, pelo menos por três dias, quem obedece, manda, e quem manda (se tem juízo), obedece. Enxergando o Carnaval com um olhar diferente, além do sexo, bebida e mulheres nuas, você já pensou que no Carnaval tudo é mais permitido justamente porque, durante esses três dias, quem está por cima é quem, normalmente, está por baixo?

Repare no orgulho das pessoas em pertencer a um bloco ou Escola de Samba e perceba como são respeitadas a hierarquia e as normas da escola.

Se, durante o carnaval, o brasileiro simples é capaz de fazer tudo com tanta alegria, beleza e organização, não serão esses os reais valores do povo brasileiro?
Pense nisso.

Ricardo Azoury/Pulsar

Dez coisas
que os melhores chefes fazem

Renato Tagiuri, Professor Emérito de Ciências Sociais em Administração da Universidade de Harvard e Presidente do Conselho da OMBI (*Owner Managed Business Institute*), uma das mais conceituadas consultorias em empresas familiares, fez um exaustivo estudo para verificar quais os atributos de sucesso dos melhores chefes. Chefe, aqui, é alguém que tem sob sua responsabilidade outra(s) pessoa(s). A denominação de um chefe pode ser: empresário, presidente, diretor, gerente, supervisor ou qualquer outra. O que importa é ser responsável por alguém em situações de trabalho.

Seus conselhos, após a pesquisa, são:

1. *Clarifique a missão, os objetivos das tarefas de seus subordinados.* Os melhores chefes explicam, de forma clara, o que esperam de seus subordinados. Eles mostram qual a missão, quais os objetivos e não deixam as pessoas sem saber claramente o que é esperado delas.

2. *Descreva as tarefas claramente.* Há chefes que esclarecem a missão e os objetivos, mas não descrevem, com clareza, as tarefas que os subordinados deverão realizar. Não descrevendo as tarefas juntamente com quem as deve realizar, ele deixa o subordinado inseguro.

3. *Ouça o ponto de vista de seus funcionários. Eles podem ter idéias melhores que as suas.* Há chefes que se acham donos da verdade ou ainda pensam ser infalíveis em sua análise da realidade. Sem ouvir o ponto de vista dos subordinados eles deixam de conhecer e utilizar idéias que poderão ser muito melhores. Chefe que não ouve desmotiva seus subordinados.

4. *Tenha certeza de que seus funcionários têm à disposição os recursos necessários para fazer o que você espera deles, incluindo habilidades, informação e equipamentos.* Muitos

chefes solicitam tarefas quase impossíveis de serem atendidas por falta de recursos. Mandar alguém fazer alguma coisa sem dar a essa pessoa os equipamentos e recursos necessários é quase uma atitude sádica, pois, com certeza, o subordinado falhará.

5. *Deixe claro qual será o critério de avaliação e como você espera que eles desempenhem a tarefa.* Sem saber exatamente como serão avaliadas, as pessoas sentem-se inseguras na ação. Muitos chefes deixam seus subordinados na total ignorância dos critérios de avaliação e, por isso, eles não apresentam bom desempenho.

6. *Tenha a certeza de que o salário, os incentivos, os benefícios e outras recompensas são estimulantes para fazer os seus funcionários darem mais de si.* Ganhando mal, sem incentivos e benefícios, os subordinados não se sentirão motivados a dar tudo o que podem para o sucesso de um projeto. Aqui o diálogo é importante. Chefes de sucesso mostram claramente a seus subordinados os benefícios que terão ao realizar bem o seu trabalho.

7. *Dê* feedback *imediato. Elogie logo após a tarefa. Ofereça sua ajuda.* Chefes excelentes dão *feedback* imediato sobre o desempenho de seus subordinados. Isso faz com que os subordinados sintam-se seguros. Ao oferecer *feedback,* bons chefes oferecem-se para auxiliar nas dificuldades.

8. *Demonstre atenção e preocupação com os seus funcionários. Porém, cuidado: não se envolva pessoalmente demais com eles.* Aqui está uma coisa interessante. Há chefes que invadem a vida dos subordinados não criando o necessário espaço entre a vida pessoal e profissional. Quando há um envolvimento pessoal demasiado, o chefe pode perder a autoridade necessária para exigir tarefas mais difíceis.

9. *Dê o mérito a quem realmente fez. Elogie seus subordinados na frente dos outros e admita seus próprios erros. Nunca minta e se você não pode manter um compromisso, explique*

a razão. Aqui está outra característica dos bons chefes. Eles não mentem a seus subordinados. Dar o mérito a quem realmente fez significa não roubar idéias de seus subordinados e saber dar o crédito ao verdadeiro autor. Explicar as razões das mudanças nos compromissos anteriormente assumidos é também essencial à avaliação de um chefe excelente.

10. *Tome todas as decisões que são esperadas de você como chefe. Não seja omisso.* Nada é mais desmotivador do que um chefe omisso. Aconteça o que acontecer, a responsabilidade última será sempre do chefe, pois só ele tem o poder de substituir pessoas e de avaliar o desempenho. Assim, chefes excelentes são os que decidem com rapidez e assumem as conseqüências de suas decisões.

Estas dez coisas são simples, objetivas e altamente eficazes. Se você é empresário, reúna os chefes, supervisores, gerentes e diretores de sua empresa e discuta cada ponto.

Se você tem cargo de chefia,
faça uma auto-análise e veja se pode ser considerado
um chefe de sucesso que faz com que as coisas
realmente aconteçam na empresa.
Pense nisso.

Dez coisas que fazem as pessoas realmente comprometidas

Quando perguntamos a qualquer empresário, presidente, diretor, gerente, supervisor, chefe, o que ele mais deseja de seus colaboradores, a resposta é imediata: *"Gostaria que eles fossem mais comprometidos"*. Quando perguntamos a amigos, professores, pais, filhos, membros de clubes e associações, o que eles mais sentem falta nas pessoas de seu relacionamento, a resposta é a mesma. *"Gostaria que as pessoas fossem mais comprometidas"*. Mas, afinal, o que é, de fato, "ser uma pessoa comprometida"?

Veja as dez coisas que nos disseram:

1. Uma pessoa comprometida procura sempre se colocar no lugar das outras; sentir o que as outras sentem.

2. Uma pessoa comprometida faz tudo com atenção aos detalhes. Ela presta atenção em tudo o que faz, no detalhe do detalhe.

3. Uma pessoa comprometida termina o que começa e não deixa as coisas pela metade.

4. Uma pessoa comprometida vem com soluções, e não com mais problemas, quando tem uma tarefa a cumprir.

5. Uma pessoa comprometida pergunta o que não sabe e demonstra vontade de aprender. Vai fundo até dominar o que não sabe e deveria saber.

6. Uma pessoa comprometida cumpre prazos e horários.

7. Uma pessoa comprometida não vive dando desculpas por seus atos e nem procura culpados pelos erros cometidos.

8. Uma pessoa comprometida não vive reclamando da vida e falando mal das pessoas. Ela age para modificar a realidade.

9. Uma pessoa comprometida não desiste facilmente. Ela não descansa enquanto não resolver um problema. Ela vai atrás da solução.

10. Uma pessoa comprometida está sempre pronta a colaborar com as outras. Ela participa e dá idéias. Você pode contar com ela.

Pense se as pessoas avaliam você como alguém verdadeiramente comprometido. Comprometa-se! Pense nisso.

Cinco dicas para ser diferente

Todo o mundo fala que para vencer no mundo de hoje, temos que ser "diferentes". Empresas devem diferenciar seus produtos e serviços. Pessoas devem ser "diferentes", quase únicas. Ser "diferente" é a palavra de ordem da moda. A grande pergunta é: *Afinal, diferenciar o quê? Como diferenciar a nossa empresa e a nossa pessoa?*

No mundo em que vivemos e com tudo o que temos visto e ouvido, acredito que bastam as cinco dicas a seguir para que sejamos empresas e pessoas "diferentes" e consigamos nos destacar:

1. *Cumpra o que prometer.* Se você prometeu alguma coisa, por mais simples que seja, cumpra o prometido. Se prometer que chegará às 7 horas, chegue às 7 e não às 7h30. Se prometer entregar na terça-feira, não entregue na quarta. Parece simples, mas, hoje, "diferente" é quem cumpre a palavra, por mais simples que tenha sido a promessa.

2. *Não minta.* Pessoas que falam a verdade são "diferentes" da grande maioria que conhecemos. Você sabe disso.

3. *Assuma seus erros.* Eis uma grande diferença. Não coloque a culpa de seus erros em outras pessoas. Assuma e você será muito "diferente" das muitas pessoas e empresas que dão desculpas e não assumem.

4. *Seja gentil, polido(a) e educado(a).* Num mundo de pessoas "grossas" e mal-educadas, ser gentil é uma enorme diferença. Uns poucos "com licença"; "por favor"; "obrigado" e "me desculpe" podem fazer uma enorme diferença.

5. *Seja honesto(a).* Talvez esta seja a maior "diferença" em um mundo onde temos a impressão que a desonestidade é a regra e não a exceção.

Siga estas cinco regras básicas e seja diferente. Pense nisso.